CRIATURAS MITOLÓGICAS INCREÍBLES

Descubre las Criaturas más Impresionantes de Diversas Mitologías

SILVIO FLEITAS

© Copyright 2023 – Silvio Fleitas - Todos los derechos reservados.

Este documento está orientado a proporcionar información exacta y confiable con respecto al tema tratado. La publicación se vende con la idea de que el editor no tiene la obligación de prestar servicios oficialmente autorizados o de otro modo calificados. Si es necesario un consejo legal o profesional, se debe consultar con un individuo practicado en la profesión.

- Tomado de una Declaración de Principios que fue aceptada y aprobada por unanimidad por un Comité del Colegio de Abogados de Estados Unidos y un Comité de Editores y Asociaciones.

De ninguna manera es legal reproducir, duplicar o transmitir cualquier parte de este documento en forma electrónica o impresa.

La grabación de esta publicación está estrictamente prohibida y no se permite el almacenamiento de este documento a menos que cuente con el permiso por escrito del editor. Todos los derechos reservados.

La información provista en este documento es considerada veraz y coherente, en el sentido de que cualquier responsabilidad, en términos de falta de atención o de otro tipo, por el uso o abuso de cualquier política, proceso o dirección contenida en el mismo, es responsabilidad absoluta y exclusiva del lector receptor. Bajo ninguna circunstancia se responsabilizará legalmente al editor por cualquier reparación, daño o pérdida monetaria como consecuencia de la información contenida en este documento, ya sea directa o indirectamente.

Los autores respectivos poseen todos los derechos de autor que no pertenecen al editor.

La información contenida en este documento se ofrece únicamente con fines informativos, y es universal como tal. La presentación de la información se realiza sin contrato y sin ningún tipo de garantía endosada.

El uso de marcas comerciales en este documento carece de consentimiento, y la publicación de la marca comercial no tiene ni el permiso ni el respaldo del propietario de la misma.

Todas las marcas comerciales dentro de este libro se usan solo para fines de aclaración y pertenecen a sus propietarios, quienes no están relacionados con este documento.

Índice

Introducción — 1
1. Glosario de Criaturas Mitológicas — 5
2. Epílogo y una última entrada — 165

Introducción

La zoología de la imaginación

Aquí hay criaturas de todas las clases posibles. Criaturas que sostienen el mundo; criaturas que destruyen el mundo; criaturas que son mitad humanas, mitad animales y a veces incluso parte dios. Aquí hay animales que creemos conocer, pero cuya naturaleza es mágica; criaturas que tienen características extrañas, como caras en medio del cuerpo, cabezas de animales, patas delanteras y traseras de diferentes especies. También hay criaturas que nos siguen, acampando silenciosamente por la noche; criaturas que nos acechan, desde el temible y terrible dragón que escupe fuego, hasta la masa de agua que tiene mente propia y saltará y te perseguirá antes de engulirte. Todos son producto -de una u otra forma- de la imaginación humana, de una época anterior a la que el pensamiento se organizaba en palabras y las palabras en texto.

. . .

Curiosamente, parece que hemos cerrado el círculo, ya que en nuestra época la imaginación responde más a los estímulos visuales que a los cuentos antiguos, y no estamos en absoluto desprovistos de criaturas que nos entusiasman, asustan y asombran con su maravilla. El cine y la televisión son, para muchos de nosotros, la primera y más inmediata fuente de mitos y cuentos populares: desde la clásica animación stop-frame de Ray Harryhausen, que nos dio a Medusa y Pegaso en Jasón y los Argonautas, hasta el Parque Jurásico de Steven Spielberg, con sus increíbles dinosaurios, nos hemos abierto el apetito por criaturas cada vez más maravillosas. Tanto si pensamos en las aventuras animadas por ordenador del ogro Shrek, como en las míticas criaturas conjuradas, y a veces montadas, por Harry Potter y sus amigos de la Academia Hogwarts, no nos conformamos con las criaturas que hemos conocido en el pasado: queremos más. El cine no ha tardado en satisfacer este apetito y en estirar aún más nuestra imaginación. George Lucas nos ha dado una verdadera colección de nuevas especies en su universo de La Guerra de las Galaxias, desde los Wookies hasta los Bantha, desde los Rancor hasta los Hutt. Además, una legión de películas y programas de televisión como Buffy Cazavampiros, Ángel y Ultravioleta, numerosas versiones de Drácula y la trilogía de Blade, han mantenido la historia de los Vampiros y Hombres Lobo fresca y viva en nuestros sueños. Estos demuestran claramente que no hemos visto lo último de las criaturas que van a entrar en la creación.

. . .

Nombrar a los animales es una tarea primordial, que Dios, en el mito cristiano, encomendó a Adán en el Jardín del Edén. Nombrar es un medio para comprender mejor a un animal, ya que el nombre denota su naturaleza. Nuestra colección es un maravilloso muestrario en el que los nombres se han ordenado por orden alfabético para facilitar su consulta, pero le instamos a que lea donde le lleve su imaginación, según le plazca explorar, para aprender más sobre las criaturas de todo el mundo y de todos los tiempos.

Este libro es una zoología de la imaginación más que una historia natural. Sigue los mitos de las criaturas mágicas dondequiera que se presenten, mitos que son historias primigenias que codifican entendimientos que captamos por medio de la metáfora más que con una mentalidad literal.

¿Adónde nos llevarán estas criaturas?

1

Glosario de Criaturas Mitológicas

A

A BAO A QU

Esta extraña criatura es originaria de la península malaya. Descrita con muchos tentáculos y una piel suave y lisa, espera a los peregrinos incautos al pie de la Torre de la Victoria de Chitor. Los peregrinos suben a esta torre, cada nivel representa una etapa más en el viaje hacia la iluminación. A medida que el peregrino sube, la criatura se hace más fuerte, cambiando de color y forma, extrayendo la fuerza vital de la víctima desprevenida.

Supuestamente, la criatura sólo alcanzará su forma final, y estará completamente viva, cuando el peregrino llegue a la cima de la torre. Hasta la fecha, nadie se ha dedicado lo suficiente a hacerlo.

El A Bao a Qu está atado a la torre hasta que llegue un buscador verdaderamente iluminado y suba a la cima.

ABATH

Los viajeros europeos del siglo XVI que viajaron a la península malaya trajeron relatos de este animal. Descrito como hembra, con un solo cuerno que le salía de la frente, probablemente se trataba de un rinoceronte de Javan o de Sumatra a medio ver. Al igual que el Unicornio, un polvo hecho con el cuerno servía tanto de afrodisíaco como de antídoto contra el veneno. Sin embargo, dado que el unicornio se representaba siempre como un macho y que sólo existía uno en todo momento, el abate parece haberse desarrollado independientemente de los mitos europeos de la criatura de un solo cuerno.

AGUNUA

En las Islas Salomón de Melanesia, los creadores de la vida eran los Figonas. El mayor Figona fue Agunua, que creó un niño varón, pero era tan indefenso que Agunua hizo una mujer para que hiciera fuego, cocinara y desherbara el jardín. Otro Figona fue la gran serpiente cósmica Hatuibwari, que figura en las tradiciones de los isleños de San Cristóbal de Melanesia.

. . .

AHUIZOTL

El Ahuizotl aparece en el folclore y las leyendas de México. Esta criatura era tan aterradora que incluso verla era una invitación a la muerte. Se le suele ver como una criatura carnívora con forma de perro, pero con patas de mono y una mano humana que crece en el extremo de su cola prensil. Su nombre significa "zarigüeya de agua", y está al acecho de los pescadores en las aguas y en las orillas de los ríos. Tiene una serie de trucos con los que atrapa a la gente, como hacer que los peces pequeños y las ranas salten en el agua para atraer la atención de los posibles pescadores. A continuación, el Ahuizotl extiende la mano que tiene en el extremo de la cola y arrastra a su víctima bajo el agua. Al cabo de tres días, los cuerpos se encuentran flotando y se reconocen como víctimas del Ahuizotl porque les faltan los ojos, los dientes y las uñas, que son un manjar para el monstruo.

AIATAR

Una criatura que se asemeja a una serpiente gigante o a una serpiente que se encuentra en el folclore finlandés. Conocido como el "Diablo de los Bosques", se dice que esta criatura amamanta a pequeñas serpientes. Estas serpientes pueden provocar enfermedades en la persona que las ve.

. . .

En algunas zonas de Finlandia, especialmente a lo largo del borde de la tundra ártica, el Aiatar es visto como una fuerza femenina destructiva que trae mala suerte a todos los que se encuentran con él.

AMGWUSNASOMTAKA

Amgwusnasomtaka es el nombre de la madre-cuervo de los indios Hopi del suroeste de América del Norte. Tiene un pico afilado y dos hijos guerreros llamados Hu que tienen cuernos y cola de toro. Se les representa en las danzas purificadoras de los Hopi con látigos hechos de plantas de yuca.

Cada niño que participa en estos ritos es golpeado por bailarines que representan a los Hu katchinas (espíritus).

Amgwusnasomtaka guarda los látigos de sus hijos y los sustituye de su reserva cuando se desgastan. Cuando cada hijo ha sido golpeado en estos ritos iniciáticos, ella se somete al mismo tratamiento, recibiendo latigazos en su espalda.

Según este misterio, la Madre-Cuervo simpatiza con los niños en este ritual, que les enseña a respetar a todos los katchinas.

. . .

AMPHIPTERE

Aunque se trata de una de las muchas criaturas extrañas que se encuentran en la heráldica europea, el Anfítere también parece haber sido conocido más ampliamente. Ciertamente, se consideraba que cualquiera que llevara este dispositivo en su escudo era extremadamente peligroso y era mejor evitarlo, especialmente en la batalla. En su forma heráldica, el Anfítere aparece con el cuerpo de una serpiente alada, garras afiladas y boca con colmillos.

ANAMAGQKIU

En los mitos algonquinos, los Anamagqkiu son los espíritus del inframundo cuyos jefes son los osos. Arrastraron a Moqwaoi, el hermano lobo de la Gran Liebre, Manabusch, bajo un lago helado hasta su muerte. Manabusch se vengó de su hermano matando a los jefes-osos, pero los otros Anamagqkiu provocaron una gran inundación que anegó el mundo.

Manabusch se escondió en un pino que se extendió para evitar su muerte.

APOTHARNI

. . .

Una raza de seres parecidos a los centauros, mencionada en una obra publicada en el siglo XVI, que son mitad humanos y mitad caballos, como los centauros de la mitología clásica griega y romana. A diferencia de los centauros, los Apotharni son tanto hombres como mujeres (los centauros son sólo masculinos). Las hembras son calvas, pero tienen pelo en la barbilla de forma similar a las cabras y los unicornios. Se les describe como habitantes de zonas pantanosas.

ARIA

Una variedad de espíritu malévolo en el folclore y las creencias del pueblo maorí de Nueva Zelanda. Considerados como vehículos de los Atua, o espíritus, los Aria eran los responsables de infligir enfermedades y desgracias, e incluso la visión de uno de ellos podía provocar un desastre.

La temible forma que adoptaba esta criatura era la del geco verde.

Una historia, registrada en 1823, cuenta que un oficial de barco, que llevaba uno de estos reptiles en la mano, preguntó a una joven maorí por su nombre en su idioma. La mujer se apartó de él aterrorizada, repitiendo una y otra vez que se trataba de uno de los Ari, que se alimentaba de los cuerpos de los muertos.

. . .

ARION

Nombre de un poderoso caballo de la mitología clásica griega y romana. Homero llama a esta bestia "el caballo veloz, de origen divino". Se dice que Arión es hijo del dios del mar Poseidón, que se apareó con la diosa Deméter, mientras ambos tenían forma de caballo. Se decía que Arion era parcialmente humano, sus pezuñas se asemejaban a los pies humanos, mientras que de su espalda crecían alas de águila. También poseía el don de la palabra y podía profetizar los acontecimientos venideros. Entre sus numerosos jinetes se encontraban los héroes semidivinos Hércules, Copreus y Andrastus.

ARUSHA Y ARUSHI

Dos de los grandes caballos del sol en la mitología hindú de la India. El semental Arusha y la yegua Arushi son los caballos principales que tiran del carro del dios del sol Suraya por los cielos.

ARVAK

Uno de los caballos del sol en las leyendas nórdicas, escandinavas e islandesas. Arvak, cuyo nombre en islandés antiguo significa "temprano despierto", era uno de los dos caballos que tiraban del carro del dios Sol/Sunna a través del cielo; el otro caballo de la pareja se llamaba Alsvid o "todo veloz".

ARZSHENK

Un humanoide gigantesco con cabeza de toro en la religión zoroastriana de la antigua Persia. Arzshenk es el rey de los Devs, demonios y servidores del ser maligno supremo, Ahriman. Están involucrados en una batalla perpetua contra los Izeds, que representan la bondad. El monstruo fue finalmente asesinado por el héroe Rustram tras una batalla de varios días.

AUFHOCKER

Un gigantesco perro demonio en el folclore de Alemania. El nombre Aufhocker puede traducirse como "Salto sobre", y a menudo se ve a la criatura haciendo esto a sus víctimas.

Una vez que ha saltado sobre la espalda de su presa, se hace cada vez más pesado hasta que la persona muere prácticamente aplastada.

. . .

En otras ocasiones, se acerca a un viajero incauto y camina durante un tiempo por a su lado, y luego se levanta repentinamente sobre sus patas traseras hasta ser lo suficientemente alto como para arrancarle la garganta. Estas características son similares a las del Perro Negro del folclore británico y al Kludde de la tradición belga.

AZ-I-WU-GUM-KI-MUKH-TI

Un monstruo extraño y aterrador de las tradiciones del pueblo inuit de Groenlandia. Se parecía a una morsa gigante con cabeza de perro, patas de perro, escamas negras brillantes y una enorme cola de pez. Un golpe de esta cola podía acabar con un ser humano, y el Az-I-Wu-Gum-Ki-Mukh-Ti era muy temido entre los inuit. El explorador del siglo XIX E.W.

Nelson oyó hablar mucho de esta criatura a los nativos y la apodó "Perro-Morsa"; sin embargo, no parece haber visto ninguno.

AZIZA

Pequeños espíritus de la naturaleza en el folclore del pueblo Dahomey de África Occidental, los Aziza viven en las profundidades del bosque y son muy tímidos, pero los

Dahomey se han encontrado con ellos muchas veces y han aprendido de ellos. Se les considera portadores de suerte y, como tales, los nativos los invocan con frecuencia.

B

BABA YAGA

A lo largo de la leyenda popular rusa y de Europa del Este, Baba Yaga tiene fama de ser una bruja que cabalga por los aires en un mortero impulsado por el pilón, o en una gran tetera de hierro con su escoba de fuego. Vive en una casa móvil que tiene patas de pollo, en un claro del bosque cercado por una empalizada hecha de huesos con calaveras encima, de cuyas cuencas se emite una luz espectral. Tiene dientes de piedra o de hoja de cuchillo. Su boca puede llegar a ser tan grande que los viajeros que pasan por ella pueden confundirla con una cueva y así ser atraídos y devorados. A veces se dice que viaja con la Muerte y se come las almas de sus víctimas.

BAKBAKWAKANOOKSIEWAE

Entre los kwakiutl del noroeste de Canadá vive un gran pájaro llamado Bakbakwakanooksiewae ("el caníbal del extremo norte del mundo"). Su otro nombre es Hokhoku.

Junto con su esposa Galokwudzuwis, persigue a los seres humanos, destrozando sus cráneos y devorando los cerebros expuestos. Los kwakkiutl representan una danza en la que un joven es capturado y transformado en Bakbakwakanooksiewae, con una máscara de pico. El resto de la aldea canta y baila para atrapar al pájaro.

BAKU

En Japón, Bakú es un gran tapir con cuerpo de caballo, cabeza de león, piernas y patas de tigre. Su deber es devorar las pesadillas que tienen los seres humanos, por lo que los soñadores le invocan para que saque sus malos sueños. Bakú se encarga de que el día pueda empezar en paz y sin la sombra del miedo de las pesadillas. Sólo hay que invocarlo con "Devóralos, oh Bakú".

BASAJUAN

Entre los vascos del noroeste de España, el Basajuan es un espíritu embaucador con forma de fauno que enseña a los humanos la agricultura y la herrería de los metales. Vive en lo alto de las montañas pirenaicas y protege a los rebaños de cabras y ovejas que pastan. Su esposa Basa-Andre peina su larga cabellera y llama a los escaladores en las montañas para que caigan al vacío.

. . .

BASILISK

El Basilisco original de la tradición clásica era una pequeña serpiente venenosa cuya garganta nunca tocaba el suelo, con una cresta en la cabeza que le dio su nombre. Basileus es la palabra griega para rey, y esto aseguró que la serpiente fuera recordada como el rey de todas las serpientes. Todo en el basilisco era venenoso. Su mordedura, su mirada, su saliva y su olor eran mortales. Además, podía escupir veneno a los pájaros que volaban. El veneno del basilisco podía pudrir la fruta de los árboles y contaminar el agua. Se le consideraba la causa de los desiertos de Libia y Oriente Medio. Plinio describió al basilisco como una serpiente con manchas o rayas blancas, con aliento ardiente y un grito mortífero, que tenía la capacidad de volver loca a la gente con su veneno. El basilisco comparte con Medusa la capacidad de fulminar a los espectadores con su sola mirada.

Había ciertas estrategias que ayudaban a proteger al viajero durante los encuentros con él: podías llevar un globo de cristal para reflejar la mirada petrificante, podías llevar una comadreja que puede dar tanto como recibir una mordida venenosa, o podías llevar un gallo contigo, ya que su cacareo hacía que el basilisco tuviera un ataque.

BEFANA

. . .

En Italia, Befana es la anciana abuela que no ofreció hospitalidad a los Reyes Magos cuando llamaron de camino a Belén. Estaba demasiado ocupada con sus tareas domésticas cuando la llamaron y por eso los siguió. Cada Noche de Reyes (6 de enero), en la fiesta de la Epifanía, les prepara una bienvenida. Como no pudo dar su propio regalo al Niño Jesús, ahora llena los zapatos de los niños con regalos.

En la tradición italiana, tiene el estatus de hada regaladora. Corresponde al personaje ruso Babouschka.

BEHEMOTH

Behemoth es una criatura monstruosa de la que se dice que es la pareja masculina de Leviatán en los libros bíblicos de Enoc y Job. Es tan grande que los huesos de la parte superior de su cuerpo ocupan toda la extensión del desierto de Dendain. De un solo trago puede tragarse hectáreas de tierra y el propio río Jordán. En el Día del Juicio Final, según la tradición judía, la llegada del Mesías anunciaría el combate a muerte de Behemoth y Leviatán. La carne de sus cadáveres se convertiría en el alimento de los justos después del juicio. En la tradición cristiana medieval, Behemoth tenía la forma de un elefante que estaba bajo el mando del diablo y tentaba a los humanos a pecar de codicia. En la tradición musulmana, Behemoth es afín a Bahamut, el monstruo que sostiene la Tierra.

. . .

BHIMA

En el mito hindú, Bhima era un gigante con un gran apetito. Su título es Vrikodara ("Vientre de lobo"). Como hijo del dios del viento Vayu, era un guerrero fuerte e implacable.

A causa de un incidente ocurrido en su juventud, se convirtió en un defensor de las víctimas. Su primo intentó envenenarlo y deshacerse de su cuerpo en el Ganges, pero las serpientes del río sagrado lo reconocieron y lo rescataron. Posteriormente, él mismo rescató a los hermanos Pandava y mató a los responsables del intento de violación de Draupadi. Su función principal en el mito hindú es la supresión de los demonios.

BIAST NA SROGNIG

Este caballo de agua o Each Uisge de patas desgarbadas rondaba las aguas de las islas Hébridas de Escocia. Se distinguía por un solo cuerno que salía de su cabeza, de donde deriva su nombre "la bestia con un solo cuerno". Es la única forma de unicornio acuático en Gran Bretaña.

BOBBI-BOBBI

. . .

En la historia aborigen australiana del Tiempo del Sueño, Bobbi-Bobbi era una serpiente que vivía en los cielos. En aquella época, la gente sólo tenía agua para vivir, por lo que la serpiente creó animales de caza. La Tierra estaba repleta de criaturas que podían proporcionar alimento, pero la gente no tenía idea de cómo atraparlas, así que Bobbi-Bobbi tomó una de sus propias costillas para hacer el primer bumerán. Este palo arrojadizo era un arma increíblemente poderosa, y no podían perderlo, ya que siempre volvía a ellos. Los cazadores estaban tan encantados con el bumerán que lo utilizaron para hacer un agujero en las nubes. Pero Bobbi-Bobbi se enfadó con esta violenta ingratitud y retiró toda su ayuda al pueblo para que tuviera que arreglárselas por sí mismo. (Ver Serpiente Arco Iris.)

BOGGART

Los boggarts, que se dan en toda Gran Bretaña, son unos traviesos brownies que extravían y alteran las cosas. Siguen a sus víctimas y les complican la vida al máximo, y quizá por eso, en algunos días, nada parece ir bien. Es muy difícil deshacerse de ellos.

BOQS

El pueblo salish de la costa noroeste del Pacífico de América habla de los boqs como un ser humanoide que camina encorvado sobre sus patas traseras mientras sus brazos se balancean hasta debajo de las rodillas. Todo su cuerpo está cubierto de un espeso y largo pelo, pero su característica más llamativa es el macho de la especie, que tiene un pene tan largo que debe enrollarlo y llevarlo en los brazos. Este pene enrollado puede convertirse en un arma de ataque por derecho propio, azotando los troncos de los árboles y rompiendo las ramas para aterrorizar a los asaltantes. Aunque se ven con menos frecuencia que antes, el Boqs no ha abandonado del todo la tierra ni se ha extinguido, se cree entre los salish que aún vive en la isla del Rey. Muchas personas han informado de que oyen o ven a la bestia cuando están recogiendo almejas o sacando sus canoas. El Boqs tiene un característico grito silbante, aunque puede rugir y revolverse en el bosque. Las historias del Boqs se parecen mucho a las que se cuentan de Pie Grande.

BRIAREUS

En la mitología griega, Briareus fue uno de los Hacatoncheires de 100 brazos y 50 cabezas que nacieron de Gea y Ouranos. Ayudó a Zeus a derrocar a los Titanes. Briareus, junto con sus hermanos Gyes y Kottos, se encargó de custodiar a los Titanes caídos que estaban encadenados en el Tártaro.

BUGAL

. . .

Entre los papúes de Keraki, los primeros seres fueron unos animales llamados Gainjin que vinieron originalmente del mundo del cielo. Bugal la Serpiente y Wargar el Cocodrilo fueron los dos que eligieron quedarse en la Tierra después de que los demás animales decidieran volver a casa tras la primera creación. Todavía vagan por la selva y rondan las ensenadas costeras.

BUGGANE

El buggane es una especie de duende que procede de la Isla de Man, en el Mar de Irlanda.

Es un veloz cambiaformas y tiene un giro peligroso y a menudo vicioso. El que vivía en Spooty Wooar, la Gran Cascada, tenía fama de aparecer como un gran ternero negro que cruzaba el camino y saltaba al estanque haciendo un ruido como si arrastrara cadenas. Se cuenta la historia de cómo un buggane llegó en forma humanoide a una casa de Glen Rushen. Secuestró a una chica que había estado trabajando allí, y se la echó a la espalda con la intención de arrastrarla a la hondonada donde caían las aguas. Pero, al ver que pronto se ahogaría si no actuaba con rapidez, la muchacha buscó en su bolsillo su cuchillo para nabos, cortó la cuerda de su delantal y se escabulló antes de que el buggane se diera cuenta.

. . .

BUNGISNGIS

En Filipinas, el gigante caníbal Bungisngis es conocido como "El que enseña los dientes" porque su labio superior es tan grande y flojo que puede tirarlo por encima de la cabeza. Su poder era tan implacable que nadie se atrevía a adentrarse en su reino hasta que llegó el héroe Suac y robó el garrote del gigante. Este garrote se convirtió entonces en el arma que Suac utilizaba para someter a los enemigos de su pueblo.

BURU

El Buru es un monstruo reptiliano que camina por los valles pantanosos del Himalaya. En 1947, el pueblo Apu Tani lo denunció al profesor Christopher van Funer-Haimendorf.

Dijeron que el monstruo medía unos 15 pies de largo desde la cabeza hasta la cola. Tiene una cabeza triangular con dientes aplanados, excepto los cuatro colmillos de sus mandíbulas superior e inferior. Tiene corazas a lo largo de la espalda y la cola, y piernas robustas con fuertes garras. Su piel es de color negro azulado, moteada por todas partes, con un vientre pálido. Por lo general, el Buru es muy reservado y no molesta a los humanos.

. . .

Se han visto pocos. La descripción del animal se parece mucho a la de un dinosaurio prehistórico.

BWBACH

Los Bwbachod (en plural) son el equivalente galés del brownie. Los Bwbach comparten el mismo temperamento amistoso para mantener la casa y el buen orden. Está claro que tienen un gran interés en preservar las antiguas costumbres paganas, ya que odian especialmente a los abstemios y a los ministros disidentes. Una historia cuenta que un Bwbach apartó el taburete contra el que rezaba un ministro bautista, de modo que éste se desplomó en el suelo. Cuando regresó a sus oraciones, el Bwbach comenzó a golpear los hierros del fuego y a hacer gestos a través de la ventana. El ministro insistió en sus oraciones, por lo que el Bwbach se transformó en el doble del ministro, una temible señal de muerte inminente, por lo que el ministro se marchó rápidamente de esa parroquia.

C

CABYLL-UISGE

En la isla de Man, en el mar de Irlanda, el Cabyll-Uisge es el caballo de agua que acecha en charcas, lagos y ríos.

Se lleva el ganado, arrastrando reses y ovejas a las profundidades del agua, donde son devoradas. A veces, puede adoptar la forma de un joven que atrae a las doncellas incautas para que se alejen del camino hacia un terreno incierto, donde vuelve a adoptar su forma animal y las despedaza.

CALOPUS

En el folclore de la Europa medieval, el Calopus era el nombre dado a una bestia con cuerpo de lobo con cuernos cuya cabeza y cuerpo tenían espinas como las de un puercoespín.

Debido a estas abundantes espinas, a menudo quedaba atrapado en la maleza, lo que permitía al viajero incauto huir antes de que pudiera matar o mutilar con sus cuernos.

Aunque se creía que el Calopus vivía a lo largo de las orillas del Éufrates, en lo que hoy es Irán, el único lugar en el que es más común verlo es en los escudos de armas de los heraldos.

CCOA

. . .

Entre los mitos de las tribus quechuas de Perú, Ccoa es un gato que es el espíritu de las tormentas. Tiene un pelaje gris con rayas más oscuras en el cuerpo. De sus ojos y oídos brota un granizo perpetuo cuando está en el exterior. Para evitar las tormentas, Ccoa es objeto de muchas ofrendas, especialmente en la época anterior a la cosecha, cuando sus atenciones podrían arruinar los cultivos. El nombre alternativo de la criatura es Ccoa.

CECROPS

En la mitología griega, el Cecrops era humano de cintura para arriba pero una serpiente de cintura para abajo. Nació cuando su padre, el rey Erecteo, derramó una gota de esperma sobre la Tierra. Se le atribuye la fundación de la ciudad de Atenas, dedicándola en honor a Atenea. Tras la muerte de Erecteo, Cecrops instituyó muchas costumbres diferentes, como el matrimonio, la monogamia, el entierro en lugar de la incineración de los muertos, la escritura y los sacrificios incruentos.

CELAENO

En la mitología griega, Celaeno es una de las arpías, monstruos con cuerpo de pájaro y rostro de mujer. Tiene la reputación que acompaña a su nombre, que significa "negro".

Como todas sus hermanas, Celaeno era rápida de pies y de alas, pero sus terribles garras la convertían en una rapaz o "arrebatadora" de presas. Fue la madre de dos hijos humanos del dios Poseidón, Eurípilo, que luchó en las guerras de Troya y acompañó a Jasón en su búsqueda del vellocino de oro, y Lico, que se convirtió en el rey de las Islas Afortunadas.

CENTAURO

Los centauros tenían la parte superior del cuerpo de un hombre y la inferior de un caballo.

Eran los hijos de Centauro, un hijo de Apolo, y de Estilbe, una de las yeguas de Magnesio. La parte centro de su nombre significa "pinchar", "aguijonear" o "herir", y ciertamente eran conocidos como criaturas salvajes, brutales e indomables, todos excepto el sabio y gentil Quirón; tauro se refiere al "toro", aunque los centauros eran realmente medio equinos en naturaleza y apariencia. Centauros era el vástago de Ixión que visitó a Juno en forma de nube. Pero en lugar de dar a luz a algo divino, dio a luz a "la más ingrata de las Gracias". Los centauros frecuentaban las montañas de Tesalia, donde tenían fama de orgiásticos, sensuales y revoltosos, sobre todo cuando descendían sobre la fiesta de bodas de los lapitanos, griegos del norte de Tesalia, que se habían reunido para celebrar el matrimonio de Pirithous.

. . .

La "Violación de los Lapitíes", que muestra a los centauros matando, violando y venciendo a los Lapitíes, fue un tema famoso representado en muchos tapices y pinturas en el Renacimiento posterior. Su naturaleza apasionada e indómita los convertía en asociados idóneos para las fiestas báquicas o dionisíacas, y los centauros se representaban en tumbas y monumentos funerarios como guardianes del inframundo.

CERBERO

Cerbero era el perro de tres cabezas (a veces de cincuenta) con melena de serpiente que, según la tradición griega clásica, custodiaba la entrada al Hades. Su tarea consistía en impedir que los vivos entraran en el inframundo, tarea que cumplía excepto en los casos de Orfeo, Eneas y Odiseo, cada uno de los cuales se abrió paso con engaños hacia la tierra de los muertos y volvió a salir con sus propios encargos. Eneas contó con la ayuda de una sibila que drogó a Cerbero con un opiáceo meloso, mientras que Orfeo sumió al perro en un sueño encantado con el sonido de su lira. El Cerbero ladraba cada vez que se exponía a la luz y su saliva era la fuente de la planta venenosa, el acónito.

CHANG LUNG

. . .

En el folclore chino, Chang Lung era originalmente un magistrado durante el reinado de Chung Tsung en el siglo VII. Gracias a su práctica de la meditación piadosa en el templo local, comenzó a metamorfosearse en un protector de dragones. Su hijo se preocupó por las largas ausencias de su padre y finalmente descubrió lo que estaba ocurriendo.

Chang Lung le confesó a su hijo que estaba siendo desafiado por otro dragón y que necesitaba la ayuda de todos sus hijos para vencerlo. Sus hijos hicieron que Chang Lung llevará una cinta roja en el brazo para poder distinguir cuál era el dragón. El dragón rival fue finalmente abatido por las flechas de los hijos de Chang Lung. A partir de ese momento, Chang Lung permaneció en forma de dragón como protector del templo y de su comunidad.

CHEIRON

También conocido como Quirón, era el amable centauro que actuó como mentor de muchos héroes. Quirón era el vástago de Cronos, que visitó a la ninfa de las Oceánidas Philyra en forma de semental. Quirón vivía en una cueva en las laderas del monte Pelión.

A menudo se le muestra cubierto con una túnica de estrellas, con un árbol desarraigado sobre su hombro en el que está el botín de la caza, y un perro a su lado.

Se le consideraba el árbitro y el portador de la educación, la ley, la medicina y la profecía, por lo que muchos de los héroes griegos fueron enviados a formarse con él, como Esculapio, Jasón, Peleo y Teseo.

CHEVAL BAYARD

En los cursos de agua de Normandía, Francia, Cheval Bayard es un caballo de agua que a veces adopta forma humana. Como muchos otros caballos de agua de todo el mundo, tienta a los transeúntes para que se suban a su lomo apareciendo como un atractivo poni. Pero en cuanto alguien lo monta, lo lanza al agua.

CHI LUNG WANG

En el folclore chino, Chi Lung Wang es el protector de los suministros de agua domésticos y es el encargado de las bombas cuando se trata de apagar incendios. Su nombre significa "Dragón Rey del Fuego", y es un dragón que está bajo la obediencia del Rey Dragón, Lung Wang, que es el proveedor de agua de toda la Tierra.

CHITRA-RATHA

. . .

Chitra-Ratha es el rey de los Gandarvas de la mitología hindú, los seres con forma de centauro que se encargan del soma divino de los dioses. Además de elaborar medicinas, Chitra-Ratha es también el músico divino que pone música a los banquetes de los dioses. A veces se le descubre en los claros del bosque haciendo música y bailando con las Apsaras.

Fue en un lugar así donde el yogui Medhavi fue seducido de sus prácticas ascéticas por la bailarina Manjughosha, mientras bailaba al son de la música divina de Chitra-Ratha. Es el equivalente hindú de Quirón en cuanto a traer las artes civilizadoras a la humanidad.

CIGOUAVE

En la tradición vodún haitiana, el Cigouave tiene cuerpo de león o pantera con cabeza de humano. La historia parece haber arraigado en Haití a través de los misioneros que trasladaron a esta isla las historias de la Mantícora.

CINNAMOLOGUS

En Arabia, el pájaro canelo construía sus nidos en los tallos más altos del árbol de la canela.

· · ·

Los hombres apreciaban estos nidos, pero no podían tomarlos porque los tallos eran demasiado frágiles, así que les apuntaban con flechas cargadas de plomo y vendían el nido del Cinamólogo a los hambrientos de especias.

COCQCIGRUES

En el folclore de Francia, los Cocqcigrues son una familia de monstruos no especificados a los que se hace referencia en la frase común "a la venue des Coquecigrues" ("cuando los monstruos vengan"), que significa un momento improbable.

La palabra se utiliza para referirse a un conjunto de criaturas fabulosas o mágicas.

COTZBALAM

En la mitología maya, Cotzbalam era uno de los cuatro grandes pájaros que atacaban los cuerpos de madera destinados a convertirse en los primeros seres humanos vivos.

Cada uno de ellos atacaba una parte diferente del cuerpo para evitar la contaminación del mundo primordial. Los otros eran Camazotz, Tecumbalam y Gucumatz.

· · ·

CRIOSPHINX

En la mitología egipcia, la Criosfinge es una esfinge con cuerpo de león y cabeza de carnero con cuernos. Normalmente se la muestra sentada en la postura de un guardián fuera de los templos. La Criosfinge era uno de los animales del dios creador Amón, como guardián de las almas.

CÍCLOPES

Los tres cíclopes eran los hijos de Gea por parte de Ouranos. Eran seres gigantescos con un solo ojo redondo en medio de la frente. Sus nombres, Steropes, Brontes y Arges, hacen referencia a la acción del trueno y el rayo. Fueron arrojados al inframundo del Tártaro por los Titanes, pero fueron rescatados de allí por los dioses olímpicos, que convencieron a los gigantes para que lucharan de su lado.

Por este servicio, los cíclopes recibieron forjas bajo el monte Etna, donde forjaron las armas de los dioses. Uno de sus hijos, Polifemo, fue derrotado por Odiseo. Los cíclopes fueron asesinados por las flechas vengadoras del dios Apolo porque su herrería había creado las flechas que mataron al sanador Esculapio.

CYNOPROSOPI

En la leyenda mediterránea, los Cynoprosopi son una especie de dragón que tiene todos los atributos de un dragón normal, incluidas las alas, pero con cabeza de perro. Su cuerpo está cubierto de pelo y tienen barba. Cazan antílopes y cabras del desierto del Sáhara y se comunican entre sí mediante una serie de llamadas y silbidos agudos.

D

DA

Cada vez que el pueblo Dahomey de África Occidental ve un arco iris o un destello iridiscente en la superficie del mar, cree haber visto la gran serpiente del arco iris, Da, que le da nombre. Esta poderosa criatura cósmica es a la vez macho y hembra, y sus colores lo reflejan, comenzando con una cabeza azul, masculina, y pasando por todos los colores del arco iris hasta su cola roja, femenina. Según el mito de la creación de Dahomey, el mundo se creó cuando el dios Mawu fue transportado en la boca de Da por los cielos. Cuando la gran serpiente descansó al anochecer, sus excrementos formaron la tierra y las montañas, y sus 7.000 espirales brillantes dieron forma al terreno. Dentro de sus espirales se encuentra el océano, y los movimientos del cuerpo de la gran serpiente crean las mareas y las corrientes de aire. Hasta el final de los tiempos, Da descansa sosteniendo el universo sobre cuatro grandes pilares en cada uno de los puntos cardinales.

El nombre de Da significa "serpentina" o "sinuosa", y está representado por las raíces de los árboles y los cordones umbilicales de los humanos y los animales. Representa todas las cosas que se pierden en la nada, incluida la propia vida.

DARD

Se dice que el Dard, una extraña criatura del folclore de Australia, tiene cuerpo de lagarto o serpiente, con cuatro patas, cuello y crines de caballo y cabeza de gato. Generalmente se le encuentra tomando el sol a la orilla del lago, en el que probablemente vive.

DDRAIG GOCH

El nombre galés del Dragón Rojo (r Ddraig Goch) se utiliza ampliamente en la heráldica y en las banderas que representan al país de Gales. El origen de este dragón se remonta a una historia relatada por el escritor medieval del siglo XII, Geoffrey de Monmouth, aunque la asociación puede tener su origen en su uso por los romanos como estandarte. Se cree que éstos, a su vez, lo tomaron prestado de los dacios, a los que derrotaron en el siglo II.

DEGEI

. . .

Entre los habitantes de Fiyi es el nombre de la gran serpiente cósmica que creó todas las cosas. El mito de la creación de Fiyi cuenta que el cuerpo de Degei era tan enorme que llenaba todo el cielo. Desde esta posición ventajosa, mirando a la superficie del océano, Degei vio a un pájaro poner dos huevos sobre el agua. Estos huevos eclosionaron en el calor generado por la serpiente, y de ellos salieron un hombre y una mujer. Degei los alimentó con plátanos, ñames y raíces de taro para que se fortalecieran cada día y llegaran a la edad adulta. De ellos surgió la raza humana.

DEV

Una raza de gigantes primordiales que se encuentra en las tradiciones y el folclore de Armenia. Se les describe como seres enormes con siete cabezas, cada una de ellas con un único y enorme ojo en el centro de la frente. Prodigiosamente fuertes, se les ha observado lanzando enormes rocas entre sí como si estuvieran jugando. También tienen la capacidad de convertirse en serpientes, lo que sugiere que pueden haberse originado en una época mucho más temprana de lo que sugieren los registros recientes.

DHAKHAN

. . .

El pueblo Khabi de la costa de Queensland, en el noroeste de Australia, describe al Dhakan como una serpiente gigante con cola de pez enorme. Sin embargo, no se trata de una criatura marina, sino que vive en lagos y charcas de las montañas. El Dhakhan es un tipo de serpiente arco iris, y utiliza el arco iris como medio para viajar de un lugar a otro. Los khabi creen haber visto a Dhakan cada vez que ven un arco iris en el cielo.

DHAUL/DHOL

En los cuentos populares y las creencias de la India rural, éste es el nombre de la gran vaca blanca sagrada que sostiene el universo sobre sus cuernos. Las vacas han sido sagradas en la India desde tiempos muy lejanos, y siguen siendo veneradas hasta hoy. Dhaul está relacionado con la vaca cósmica.

DHEEYABERY

Entre las leyendas y el folclore del pueblo Kamilaroi de Australia Occidental, se cuenta la maravillosa historia de un joven llamado Yooneeara, que un día decidió caminar hasta donde se pone el sol.

. . .

Su viaje le llevó a lugares muy extraños, y en el camino se encontró con muchas criaturas extrañas, ninguna más que los Dheeyabery que, aunque parecían seres humanos por delante, por detrás eran simplemente enormes masas de carne sin forma. Yooneeara atravesó su pueblo lo más rápidamente posible, pero apenas escapó con vida y fue perseguido durante muchos días por estas salvajes criaturas.

DJINN

Estas son las principales especies de demonios en la tradición árabe y son ampliamente conocidas en la mayor parte del mundo islámico, especialmente en el Sáhara y en partes del norte y el este del Mediterráneo. Hay muchas variaciones de sus nombres, como Dgen, Dschin, Genie, Ginn, Jann, Jinn y Junun. En realidad, hay varias clases de Djinn, como los poderosos Marid, los Afreet, los Shaytans y los Jann. No todos son malvados y algunos pueden ser útiles, como el Genio de la Lámpara en la historia de Aladino. Sin embargo, la mayoría son de naturaleza muy fea y salvaje.

Pueden adoptar numerosas formas y se sabe que aparecen como seres humanos, monstruos, gatos, avestruces, perros y serpientes.

Cuando adoptan forma humana, suele ser la de una hermosa mujer, que sólo puede detectarse por el hecho de que las pupilas de sus ojos tienen rendijas verticales. Los Djinn malignos causan tormentas de arena y chorros de agua, y por esta razón cuando el Zoba'ah, un torbellino que se convierte en una columna de arena que se extiende a enormes alturas, atraviesa el desierto, los árabes creen que es causado por el vuelo de uno de estos demonios malignos.

Casi la única defensa contra los Djinn es el hierro, y como en las tradiciones de las hadas europeas, cualquier objeto de hierro puede atarlos.

DRAGÓN

De todas las criaturas mitológicas, el dragón es seguramente la más conocida.

Prácticamente todas las culturas del mundo tienen sus mitos sobre dragones, y se han contado innumerables historias sobre sus orígenes, su historia y su derrota a manos de cazadores de dragones. El dragón matado por San Jorge es quizás el más típico y consistente en su imaginería, y los dragones que se encuentran en los bestiarios de la heráldica se hacen eco de él. En todos los casos, tiene alas de murciélago, una cola con púas y a menudo venenosa, y respira fuego.

. . .

Se le representa así en numerosos cuentos populares ingleses, y a menudo en las iglesias cristianas, o en las numerosas pinturas que describen a San Jorge en el acto de matar a la criatura. En la mayoría de ellos, el dragón suele representarse como una criatura mucho más pequeña que sus antepasados más antiguos.

Las historias más antiguas relacionadas con el dragón lo convierten en un poder que debe ser derrotado o atado por un dios o un héroe. Estas batallas cósmicas, que se remontan a los tiempos más antiguos, incluyen la historia del egipcio Horus y Tifón, la del babilónico Marduk y Tiamat, la del griego Apolo y la Pitón, y la del grecorromano Hércules y la Hidra, y muchas más. Matar al dragón a menudo esconde una lucha más profunda entre la luz y las tinieblas, ya que el dragón suele simbolizar la oscuridad y su asesino la luz y la bondad. De ahí surgieron también las tradiciones de los dragones como guardianes del tesoro, una justa recompensa para los que son lo suficientemente valientes y fuertes como para vencer a estos poderosos adversarios.

En la tradición hindú, el dragón representa el poder manifiesto y la palabra, y es un representante tanto de Aruna como de Soma. El gran dios Indra mató a un dragón llamado Vitra para liberar las aguas primordiales y hacer fructificar la Tierra.

. . .

Es sin duda en China donde el dragón alcanza su estatus mitológico y simbólico más complejo. Aquí representa el poder espiritual más elevado y es el emblema de los representantes de dicho poder en la Tierra. Se dice que los dragones influyen en todos los aspectos de la vida y, en este contexto, son una de las 12 criaturas simbólicas del Zodiaco.

Entre sus muchos otros atributos, se sabe que representan el sol, los cielos y la lluvia fecundante. A menudo se representa a los dragones viviendo en elaborados palacios sobre la tierra o bajo el mar, y hay pruebas de que en la antigüedad se les hacían ofrendas. Los dragones orientales también son conocidos como cambiaformas y pueden hacerse invisibles a voluntad. El dragón celestial, T'ien Lung, es el guardián de la casa de los dioses y a veces se le representa sosteniendo el cielo. Fu T'sang, el dragón imperial, es un guardián del tesoro. Una descripción muy específica muestra que el dragón ha llegado a ser reconocido como un ser híbrido y que todos sus aspectos tienen un significado simbólico.

En la tradición nórdica y germánica, encontramos una de las principales historias del dragón en el poema épico Beowulf. En las tradiciones más antiguas del pueblo nórdico, Nidhoggr ("Uno lleno de odio") es el dragón de la muerte, que bebe la sangre de los muertos y come cadáveres. Según la Edda del nórdico Snorri, se dice que Nidhoggr sobrevivirá al fin del mundo y vivirá en el que lo sustituirá.

. . .

En otro lugar se describe que Nidhoggr vive bajo las raíces del árbol del mundo Yggdrasil. Una ardilla actúa como mensajera entre el dragón y un gran águila que se encuentra en la copa del árbol, sembrando la discordia en la raza humana. La Serpiente de Midgard vive en el centro de la Tierra o en el océano, y fue creada a partir de las cejas del gigante primigenio Ymir -aunque algunas fuentes lo describen como el vástago del dios embaucador de corazón negro, Loki. La mitología nórdica describe que esta criatura vive en el océano primitivo que rodea el mundo. Más tarde, se dice que Thor utilizó un cráneo de buey como gancho para atrapar a la gran serpiente, despachándola con su poderoso martillo. En algunas versiones, el propio Thor muere al respirar el aliento venenoso de la serpiente.

E

ECHENEIS

La primera vez que oímos hablar de esta criatura es en la Historia Naturalis del siglo I del romano Plinio el Viejo, en la que describe la existencia de una diminuta serpiente marina, de unos 15 centímetros de largo, pero capaz, a pesar de su tamaño, de impedir que un barco se mueva una vez que se ha adherido al casco. Después de esta época, el Echeneis se hizo ampliamente conocido entre los viajeros y marineros de los océanos del mundo.

· · ·

También conocido como rémora o mora, habitaba en los mares polares y, al parecer, podía congelar el aire con su aliento. Los primeros exploradores que se encontraban atrapados e inmovilizados en aguas heladas creían que esto indicaba la presencia del Echeneis. Plinio pensaba que el gran general romano Marco Antonio perdió la batalla de Actium porque una de estas criaturas se adhirió al casco de su barco, impidiéndole así maniobrar y comandar su armada como deseaba. El Echeneis aparece con frecuencia en los bestiarios medievales.

EER-MOONAN

Según los nativos de Australia, se trataba de un grupo de criaturas monstruosas que habitaban el mundo durante el Tiempo del Sueño. Tenían cuerpo de perro, cabeza de puercoespín y pies de mujer. Cazaban a los humanos con un sigilo mortal y eran muy feroces.

EIKTHYMIR

Un ciervo cósmico gigante en la mitología nórdica y teutónica. Su nombre significa "El de la cornamenta de roble". Se encuentra en el techo del Valhalla, el hogar de los dioses, y pasta sobre las hojas del gran árbol del mundo, el Yggdrasil.

. . .

Las gotas de agua que caen de las puntas de su cornamenta llenan el manantial Hvergelmir, que alimenta todos los ríos del mundo. El culto al ciervo estaba muy extendido en la mitología nórdica, y probablemente representaba el poder de Odín y la fuerza del linaje de los reyes.

ELFOS

En el siglo XX, debido en parte a los relatos de los elfos de Santa Claus que dirigen sus talleres en el Polo Norte, el elfo se ha asociado con una criatura diminuta, poseedora de poca magia, y a la que no le queda casi nada de sus cualidades originales, salvo su habilidad para fabricar objetos bonitos. Sin embargo, las antiguas tradiciones presentan a los elfos como criaturas muy diferentes. Entre los pueblos nórdicos, teutónicos y escandinavos, los elfos son altos, extremadamente bellos y muy poderosos. J.R.R. Tolkien, en su trilogía de El Señor de los Anillos, hizo algo para aclarar las cosas, aunque tomó prestados aspectos de varias culturas para crear los elfos casi angelicales que aparecen en sus libros. Shakespeare también percibía a los elfos con apariencia humana, como podemos ver en las descripciones de los bellos Oberón y Titania en El sueño de una noche de verano. Pero Shakespeare, que conocía muy bien el folclore y las tradiciones inglesas, convirtió a sus hadas en seres diminutos, combinando así dos corrientes de creencias.

EMELA-NTOUKA

En los pantanos de Likouala, en el Congo, vive el Emela-Ntouka, cuyo nombre significa "asesino de elefantes".

Es una criatura parecida a un rinoceronte con una sola trompa, que se parece a un triceratops o centrosaurus prehistóricos. Según un informe de un inspector de caza de África Ecuatorial francesa, el Emela-Ntouka era más grande que un búfalo y le gustaba destripar elefantes.

ERESHKIGAL

Reina del inframundo sumerio, Ereshkigal tiene un aspecto extraño y horrible. Tiene un cuerno en la espalda y otro en la frente. Tiene orejas de oveja y manos humanas. Su cuerpo es el de un pez y desde las caderas hasta los pies es un perro. Su cuerpo está completamente cubierto de escamas como una serpiente.

ERICHTHONIUS

Según el mito grecorromano, cuando el dios Vulcano intentó violar a la joven diosa Atenea, parte de su semilla salpicó la tierra y se convirtió en un niño que era una parte de niño y otra de serpiente.

. . .

Atenea lo llevó a la Acrópolis de la ciudad de Atenas y lo entregó al cuidado de las hijas del rey Cecrops, ordenándoles, bajo pena de su mayor disgusto, que nunca miraran directamente al niño.

Inevitablemente lo hicieron, y quedaron tan horrorizadas por lo que vieron que corrieron gritando hasta el borde de la Acrópolis y se arrojaron a la muerte.

ERQIGDLIT

Un grupo de monstruos bebedores de sangre en las leyendas y tradiciones de los pueblos de Groenlandia y la isla de Baffin. Entre los inuit del Labrador y de la costa canadiense de la Bahía de Hudson se les considera uno de los monstruos más temibles y aterradores de los que tienen conocimiento. También se les conoce como Adlet.

EURALE

Una de las Gorgonas de la mitología grecorromana. Su nombre significa "vagabundo" y es hermana de Medusa y Atenea. Las tres Gorgonas eran originalmente mujeres hermosas, pero se transformaron en sus horribles formas como castigo por desobedecer a los dioses.

· · ·

Las descripciones de las fuentes clásicas varían en detalles, pero coinciden en que las Gorgonas tenían serpientes por pelo, cuerpos cubiertos de escamas, manos de bronce y alas de murciélago. Su atributo más temible y terrible era su capacidad de convertir en piedra a cualquiera que se encontrara con su mirada. El héroe Perseo pudo derrotar a Medusa mirando su reflejo en su pulido escudo y decapitándola mientras dormía. De su sangre surgió el caballo alado Pegaso. Perseguido por las hermanas de Medusa, Perseo escapó y, en el curso de sus aventuras, convirtió a sus enemigos en piedra mostrándoles la cabeza de Medusa. Es probable que el mito de las Gorgonas tenga su origen en Mesopotamia, donde los Lamashu contaban historias similares.

EURYTION

En el mito griego, este centauro fue encontrado por Hércules durante su sexto trabajo para limpiar los establos de Augías. El nombre de Eurytion significa "el buen tirador", ya que todos los centauros eran considerados buenos tiradores. Cuando Hércules visitaba al rey Dexamenos de Olenos, llegó en el momento en que Euritión se abalanzaba sobre la hija del rey como novio y estaba a punto de llevársela. Hércules intervino de inmediato y mató al centauro antes de que pudiera violar a la princesa.

F

FALAK

En la mitología islámica, Falak es la serpiente cósmica responsable de la construcción de los muros adamantinos del Reino del Fuego. Según el mapa del cosmos de esta tradición, el pez gigante Bahamut nada en el mar con el toro Kujuta a sus espaldas. Debajo del mar está el Reino del Fuego, y aquí todavía habita Falak. Se dice que está tan hambriento que, si no fuera por su temor a Alá, consumiría el mundo entero.

FAIRIES / HADAS

Casi todos los países del mundo tienen sus propias hadas. Las hadas son una raza de seres entre los humanos y los espíritus. Viven como nuestros vecinos, pero como los seres humanos a menudo no han cuidado su parte de la custodia de la Tierra, rara vez nos encontramos con las hadas, pues nos consideran unos fanfarrones que rompen sus promesas.

Sin embargo, sí puedes establecer una buena relación con ellas, si les dejas ofrendas -generalmente las primicias de cualquier producto que poseas, siempre que no sea carne-, serán buenos vecinos para ti. Debido a la propensión de los humanos a actuar con superioridad -y también porque las hadas rara vez se reproducen-, a menudo se llevan a los niños humanos prósperos y dejan un mutante en su lugar.

FARASI BAHARI

En el océano Índico vive una especie de caballo verde llamada Farasi Bahari: sin embargo, no son caballos de mar. En una isla de la costa de África oriental, los sementales Farasi Bahari pastan en determinadas noches del año. Los criadores de caballos averiguan cuál es esa noche y dejan a sus yeguas en la isla con la esperanza de que se apareen con los sementales para producir los preciados caballos verdes.

Pero los Farasi Bahari no salen de las olas ni siquiera si huelen a un ser humano. Los caballos cruzados son muy apreciados porque tienen una gran resistencia para galopar sin cansarse, ya que no tienen pulmones.

Son como el Hipocampo o el Sabgarifya.

FAUNO

Criatura híbrida de la mitología grecorromana, el fauno suele representarse como un hombre por encima de la cintura y una cabra por debajo, con pequeños cuernos en la cabeza. Se dice que los faunos son hijos del dios Faunus, conocido como "el bondadoso", un dios del Bosque y protector de las criaturas que lo habitaban. Los cimientos del templo dedicado a él aún existen en una isla del Tíber.

Los faunos se identificaban a veces con Pan, y en esta forma aparecían en los sueños eróticos de las mujeres.

Los faunos se confunden a veces con los sátiros. El mago naturalista y sanador renacentista Paracelso (1493-1541) definió a los faunos como espíritus místicos que tenían control sobre los elementos.

FEI LIAN

Un ser celestial que comanda los vientos en la mitología china. Fei Lian, cuyo nombre significa Señor del Viento, se describe como un ser con cabeza de gorrión y cuernos de toro, cuerpo y piernas de ciervo, con marcas de leopardo y cola de serpiente.

Fei Lian conspiró con Chi-Song-Zi, el dios de la lluvia, para vencer a la deidad gobernante Huang Di. Sin embargo, el intento fracasó y Fei Lian fue desterrado a una caverna en lo alto de las montañas. Desde allí continuó ejerciendo una influencia nefasta, enviando tormentas feroces para perturbar el mundo.

Finalmente, fue derrotado por el arquero celestial Yi, que perforó la bolsa en la que Fei Lian guardaba los vientos, y a continuación maniató a la criatura y la obligó a arrastrarse humildemente ante él en un desfile que honraba a Huang Di.

FENRIS/FENRIR

En la mitología nórdica y teutónica, el poderoso lobo que acabará destruyendo el mundo.

Fenris es uno de los tres hijos del dios embaucador Loki y la giganta Angbodr, los otros son la Serpiente de Midgard y la diosa del Inframundo, Hel. Los dioses criaron al lobo como uno de los suyos, pero con el tiempo creció tanto que su mandíbula superior tocaba el cielo y la inferior la Tierra.

Tal era su fuerza y su oscuro temperamento que los dioses decidieron atarlo. Al principio lo intentaron con un grillete llamado Loeding, y cuando éste se rompió probaron con otra cadena llamada Dromi. Pero Fenris se liberó de ambas.

Finalmente, los enanos fabricaron el grillete conocido como Gleipnir, que era ligero y suave pero increíblemente fuerte.

Según un antiguo acertijo nórdico, los enanos lo fabricaron con el sonido de un gato, la barba de una mujer, las raíces de las montañas, el aliento de un pez y la saliva de un pájaro, cosas que se puede decir que no existen. Los dioses pretendían utilizar esto para atar a Fenris en la isla de Lyngvi, en medio del lago Amsvarmir. Sin embargo, el gran lobo sospechó y exigió que uno de los dioses pusiera su mano en sus fauces antes de permitir que le pusieran las cadenas. Tyr accedió a ello, y cuando el lobo se dio cuenta de que no podía romper la cadena, le arrancó la mano al dios de un mordisco.

Ante esto, los dioses decidieron atar a Fenris a una gran piedra, que luego colocaron en las profundidades de la tierra. Por último, le abrieron las enormes fauces con una espada. A partir de ese momento, Fenris aulló perpetuamente, y la espuma de sus fauces formó un río conocido como Van.

Se dice que el día del Ragnarok, cuando el mundo se acabe, Fenris se liberará finalmente y consumirá toda la creación, incluidos los dioses, antes de ser asesinado a su vez por Vidar, el hijo de Odín. Un segundo sabueso, conocido como Garm, parece ser idéntico a Fenris, y también se dice que se liberará de sus cadenas en el momento del Ragnarok. Se menciona que otros dos lobos están implicados en estos acontecimientos, uno de los cuales, Mangamyr (Devorador de la Luna) a veces llamado Hati, devorará la luna, mientras que Fenris se comerá el sol. El significado del nombre Fenris nunca se ha traducido de forma satisfactoria; sin embargo, probablemente signifique "habitante del pantano".

. . .

FIANSIAN-CHE

Según la antigua tradición popular china, Fian-Sian-Che es el espíritu del oso que expulsa el mal. Es el líder de la Danza de los Doce Animales en la celebración del Año Nuevo llamada Ta-No. Niños bailarines vestidos como diferentes animales giran alrededor de Fian-Sian-Che después de lanzar gestos amenazantes a las fuerzas del mal. Luego, los doce, guiados por el espíritu del oso, corrían por el campo para llevar sus poderes curativos para expulsar el mal.

FREYBUG

Un gran perro negro que merodeaba por los caminos de Inglaterra en busca de juerguistas desprevenidos. Se describe principalmente en el folclore y las tradiciones de Inglaterra, y se menciona en un manuscrito que data de 1555, pero no se han registrado avistamientos más recientes.

FUATH

Una tribu de monstruos espectrales de las tradiciones populares de las Highlands escocesas. Adoptando diversas formas, los Fuath (o Fuathann) viven cerca de los lagos, los ríos y el mar abierto, lo que indica que son esencialmente monstruos acuáticos.

A veces se les conoce como Arrachd (o Fuath-arrachd). Un Fuath es la madre del Brollachan, una criatura malévola dada a atacar a los niños. El nombre Fuath se traduce como "odio" o" aversión" en gaélico escocés, o como "odio" o "semejanza" en irlandés antiguo.

FU-HSI

Según la mitología de la antigua China, Fu-Hsi gobernó la gran tercera edad de la humanidad, que se extendió desde el 2852 al 2738 a.C. El emperador era descrito como mitad serpiente con cabeza y cuerpo de humano, o bien con torso humano pero cabeza de toro con cuernos saliendo de la frente. Compartía el trono con su emperatriz, Nu-Kwa, que también era descrita como humana de cintura para arriba y serpiente por debajo. Estos seres primigenios aportaron los dones de la arquitectura y las artes a la humanidad, y a menudo se les representa entrelazados y sosteniendo símbolos de estas habilidades.

G

GAASYENDIETHA

Un tipo de dragón que escupe fuego de la mitología del pueblo Séneca de la costa noroeste de América del Norte.

Se dice que la aparición de un meteorito en el cielo representa el paso por encima de esta criatura, que es de enorme tamaño. Sin embargo, a pesar de sus cualidades ardientes, el Gaasyendietha vive en ríos y lagos.

GANDARVAS

Los Gandarvas son seres indios que tienen torso humano y cabeza de caballo o de pájaro.

No deben confundirse con el caballo Gandhava. Los Gandarvas, cuyo nombre significa "las fragancias" o "las armonías celestiales", son seres celestiales que viven en el cielo como aspectos del sol. Llevan ropas perfumadas y se alimentan de hierbas y del aroma del agua.

Guardan el lugar del elixir vivificante, el soma. Tienen la capacidad de restaurar la virilidad, como hicieron con el dios Varuna, dándole una planta afrodisíaca especial. Los Gandarvas asisten a las bodas y son invocados en los ritos nupciales. Tocan una música maravillosa en la vina y enseñan conocimientos musicales a la gente. Al igual que los Kinnaras, los Gandarvas parecen ser el equivalente indio del centauro griego.

GARUDA

Importante criatura compuesta de las mitologías hindú y budista de la India. También conocido como Taraswin, que significa "veloz", Garuda se describe de diversas maneras como un águila con cuerpo dorado, verde o rojo. También tiene cuatro brazos humanos y alas de color dorado o escarlata. Su cabeza es similar a la de un pájaro, pero con el rostro de un ser humano, que puede ser dorado o blanco.

Garuda se describe como hijo de Kasyapa y Vinata; sin embargo, nació de un huevo que tardó 500 años en alcanzar la madurez. Su padre tomó una segunda esposa, que era una Nagini; esclavizó a Vinata y la trató cruelmente. Para rescatarla, Garuda se encargó de robar a los dioses la bebida de la inmortalidad, el amrita. En el proceso, tuvo varias batallas furiosas con los serpentinos Nagas. Su derrota impresionó tanto al dios Vishnu que Garuda se convirtió en su corcel celestial.

GEMSBOK

Entre los bosquimanos del Kalahari, el grácil antílope conocido como gemsbok es el guardián iniciático de los ritos que convierten a las chicas púberes en casaderas. En la pubertad, grupos de chicas se pintan la cara de blanco con las marcas del gemsbok, mientras que el hombre más deseable y sexualmente atractivo es elegido para dirigir la danza vestido con los cuernos de un eland y con una túnica de su piel.

Mientras las mujeres bailan alrededor de cada candidato, el iniciador del eland se esconde en la maleza. Cuando la muchacha se gira para mostrar sus nalgas, él se abalanza sobre ella, golpeando sus cuernos contra su cuerpo y levantando su túnica para revelar sus genitales. Tras esta ceremonia, las chicas se consideran casaderas. Los bosquimanos también bailan el Gemsbok Play, en el que un bailarín central interpreta al gemsbok Malxas.

GEUSH URVAN

En la antigua mitología persa, Geush Urvan era el nombre de un gigantesco toro cósmico, un ser celestial tan vasto que contenía en su interior las semillas de las que surgieron todos los demás animales y plantas de la creación. Pastó en el mundo vacío durante más de 3.000 años antes de ser asesinado por el dios Mitra en un acto de creación. De su vasto cuerpo surgieron un par de reses y 282 pares de otros animales. De sus patas surgieron 65 especies de hierbas y cereales.

GOBLINS

El nombre "goblin" puede derivar del griego kobaloi, que significa simplemente "espíritu maligno", pasando por la forma latina cobalus al francés gobelin y, finalmente, al inglés goblin.

En la actualidad, se utiliza como nombre general para designar a los espíritus malignos, normalmente pequeños y grotescos. Se considera que prefijar la palabra con Hob hace que parezcan menos terroríficos, ya que se creía que los Hobgoblins eran serviciales y tenían buena disposición hacia los hombres. En general, el término goblin parece utilizarse para cualquiera de los espíritus más feos y malignos, como Boggarts, Bogies, Bogles y Ghouls. Algunas fuentes sugieren que los duendes surgieron originalmente de debajo de una roca en los Pirineos españoles, desde donde se extendieron por toda Europa. También se habla de un grupo de hadas que viven en los patios de las iglesias, en las grietas de las rocas o entre las raíces de los árboles antiguos. En el folclore europeo, los duendes se describen generalmente como seres que llegan a la altura de las rodillas, con pelo y barba grises. Al igual que el más bondadoso Brownie, a menudo se encuentran en el hogar y pueden ser propiciados con pequeños regalos que hacen que se comporten mejor. La mejor manera de deshacerse de un duende es esparcir semillas de lino por todo el suelo, de modo que cuando la criatura aparezca por la noche para hacer alguna travesura se vea obligada a recoger las semillas. Rara vez completará esta tarea antes del amanecer y, tras varios intentos, suele rendirse y marcharse. J.R.R. Tolkien hizo un buen uso de los duendes en El Hobbit como adversarios de sus héroes, aunque con el tiempo se convirtieron en los más temibles y terribles orcos de su trilogía de El Señor de los Anillos. El famoso poema de Christina Rossetti "El mercado de los duendes" simplemente los hace pequeños y maliciosos.

. . .

GOLEM

Un ser humano artificial creado con barro en las tradiciones del judaísmo. La palabra golem significa literalmente "cuerpo sin alma", separando claramente a la criatura artificial de un ser humano vivo y que respira. La palabra sólo aparece una vez en la Biblia hebrea (Salmos 139:16), donde se hace referencia a la creación de Adán; pero ha habido numerosas interpretaciones de esta referencia a lo largo de los siglos. En la literatura judía, se habla del golem como una etapa de la creación del primer hombre. Según esta tradición, Dios tardó 12 horas en completar a Adán, y en este tiempo hizo varios intentos fallidos, uno de los cuales fue el Golem.

GRIFO/GRIFO/GRIFO

El grifo se representa habitualmente como un león con alas de águila o de rapaz, pico y, a veces, garras, aunque puede tener simplemente patas de león. Tiene unas orejas prominentes y caídas que parecen haberse desarrollado a partir de las formas egipcias anteriores, en las que aparece con una cresta en la cabeza. Además, la parte delantera del cuerpo del grifo suele estar manchada como un leopardo. En la época clásica, sus cuatro patas eran las de un león, pero en épocas posteriores tenía dos patas delanteras de león y dos traseras de águila.

· · ·

El grifo toma su nombre de la palabra griega gyphos, que significa "enganchado" o "curvado", en alusión a su pico fuertemente curvado. Es una de las criaturas mágicas más antiguas, representada en el Creciente Fértil, la cuna de la civilización occidental, y sigue siendo hoy un poderoso protector de las instituciones civiles modernas, como bancos, fábricas de automóviles y cervecerías.

GRYLLUS

Esta monstruosa criatura, que suele describirse como parte bestia y parte humana, con una segunda cara donde debería estar su estómago, aparece por primera vez en la mitología del mundo grecorromano. Plinio el Viejo (c. 77) menciona a varios artistas especializados en representar al Gryllus (o Grillus); mientras que el historiador griego Plutarco (c. 46-120) cuenta una versión alternativa del famoso encuentro entre Odiseo y la hechicera Circe, en el que ésta convierte a sus hombres en cerdos. Cuando Odiseo intenta desencantar a sus hombres, uno de ellos da una explicación cuidadosamente razonada de por qué prefieren quedarse en su estado porcino. El nombre de este hombre es Gryllus. El propio Homero había utilizado la palabra sus para referirse a los cerdos, pero Plutarco la adaptó, casándola con la palabra gryl 'gruñir'.

Más tarde, durante la Edad Media, el Gryl us se convirtió en una imagen familiar en las imágenes serocómicas que decoraban los elaborados salterios o libros de oraciones y también se encontraba tallado en las paredes o pilares de las catedrales medievales, representando la locura o el vicio humano. Más tarde, el poeta isabelino Edmund Spenser (1552-99), en su gran epopeya The Faerie Queene, introdujo el personaje de Grylle, el hombre bestia, que tenía más de alivio cómico que su antecesor clásico.

GWYLLGI

Una especie de perro negro monstruoso en el folclore y las tradiciones de Gales. Como todas las criaturas de este tipo, el Gwyllgi sigue a los viajeros por caminos solitarios y poco frecuentados, a veces atacándolos, a veces simplemente asustándolos.

GYTRASH

Una especie de hada siniestra del folclore del norte de Gran Bretaña. Por la noche, puede adoptar la forma de un gran caballo, un burro o, a veces, un perro negro desgreñado con patas palmeadas. Tiene enormes ojos en forma de platillo y camina con un sonido de chapoteo. Por lo general, se le describe como un ser que acecha silenciosamente al lado del camino esperando a los viajeros incautos; sin embargo, algunos relatos hablan de él de forma más positiva, ya que ayuda a poner a salvo a los viajeros perdidos.

Hay una descripción memorable del Gytrash en la novela Jane Eyre de Charlotte Bronte.

H

HAI HO SHANG

En la mitología china, Hai Ho Shang es el pez que tiene una tonsura de monje y una capucha escamosa sobre la cabeza.

Tiene una larga túnica de monje que se prolonga en una cola. Es de gran tamaño y ataca a los juncos marítimos, volcándolos para que la tripulación se ahogue. Los ataques pueden evitarse si la tripulación realiza una danza ritual y quema plumas, algo que Hai Ho Shang no soporta. Algunas fuentes han dicho que es como un sireno.

HAI RIYO

Hai Riyo es una criatura del folclore japonés. Tiene la cabeza de un dragón y el cuerpo, las alas y las garras de un pájaro. A veces se le llama Tobi Tatsu o Schachi Hoko, y se encuentra en las decoraciones de los templos chinos. Puede derivar del Ying Lung.

. . .

HAIETLIK

Entre los indios nootka y clayoqut de la región del Pacífico noroccidental de Canadá, Haietlik es la serpiente del rayo que vive en las vías fluviales y los lagos. Tiene la forma de una enorme serpiente o caimán con cabeza de caballo.

Llevar la piel de Haietlik en la barca mientras se pesca se consideraba un requisito si se quería pescar una ballena. Se encuentran pictogramas de Haietlik en las rocas de esta región, donde la gente lo asocia con el éxito de la pesca y la caza.

HAIIT

Se cree que el Haiit vivía en los bosques de África central.

Esta gran criatura tenía un aspecto humanoide cubierto de pelaje desgreñado. Tenía una pequeña cola y pies de tres dedos, que utilizaba para trepar por la selva. Su rostro de aspecto humano y su capacidad para trepar hacen casi seguro que el Haiit era una descripción temprana de un mono. La primera vez que se habló de él fue en la época de la exploración marítima y la expansión colonial, en el siglo XVI, por André Thevet en su Cosmografía.

. . .

Las selvas de África central, especialmente las del Congo, siguen siendo en gran medida inexploradas y contienen animales que pocos han visto aún hoy.

HAP

En la mitología egipcia, Hap era el toro sagrado de Menfis y se consideraba un símbolo y una encarnación de Ptah-Osiris. Hap era la cría de una vaca virgen que había sido impregnada por un rayo o un rayo de luna. También conocido como Apis, Hap se convirtió en Serapis en la otra vida, donde se le consideraba una fusión de Osiris y Apis. Los toros reales eran seleccionados por sus marcas para servir como avatar viviente de Hap. Una vez instalado como dios viviente, el toro tenía el poder de impartir profecías en su aliento, que era inhalado por sus adoradores. Cuando se excavó el Serapeum de Menfis en el siglo XIX, se descubrieron 64 toros momificados. Se ha sugerido que el Becerro de Oro colocado por los israelitas cuando Moisés recibía los Diez Mandamientos, era una semejanza de Hap.

HARPÍA / ARPÍA

En la mitología griega, las arpías eran las hermanas que personificaban los vientos de tormenta. Tenían forma de pájaros con rostros de bruja, pechos caídos, orejas de oso y garras. Se describe a Poseidón como su padre o su amante.

Pero su filiación es muy discutida y está demasiado enredada en el mito griego como para dar una certeza inequívoca. Hesíodo dice que nacieron de Thaumas, nieto de la diosa de la Tierra, Gea, y de la Oceánida Electra. Homero habla de Pordarge "la corredora" que fue violada por Zephyros, el Viento del Oeste. Luego se convirtió en la madre de dos caballos inmortales, Xanthos y Balios. Hesíodo habla de Aello, "la de los pies de viento", y de Okypete, "la que es rápida en el vuelo", y de Okythoe, "la de los pies rápidos". Las otras dos arpías nombradas son Kelaino "la que es oscura" y Mapsaura "una ráfaga de viento".

HEA-BANI

Hea-Bani o Ea-Bani es la versión mesopotámica del centauro. Hea-Bani, como Quirón del mito griego, era un sabio ermitaño. Tenía la cabeza, los brazos y la parte superior del cuerpo de un hombre, pero la parte inferior y las pezuñas de un toro. Hijo de Ea (o Enki), actuó como consejero del héroe Gizdhubar, que tuvo un sueño en el que las estrellas caían sobre él. Viaja a los pantanos para encontrar a Hea-Bani, que se lo interpreta y le ayuda a vencer a sus enemigos. Hea-Bani murió en un accidente similar al que causó la muerte de Quirón. Vivía con las bestias salvajes y comía con las gacelas y el ganado. Cuando la diosa Ishtar fue despreciada por Gizdhubar, voló al cielo para pedir a Anu que vengara el insulto a su vanidad. Anu creó el Toro del Cielo para castigar a su amante errante.

. . .

Este ser tomó la forma de Humbaba (o Khum-baba) pero Gizdhubar venció al vengador celestial con la ayuda de Hea-Bani. Esta historia asiria es idéntica a la de Gilgamesh, pero el papel del salvaje Enkidu lo asume aquí Hea-Bani.

HECATÓNQUIROS

En la mitología griega, la diosa primordial Gea dio a luz a estos tres gigantes, cada uno de los cuales tiene cien brazos y cincuenta cabezas; su padre era Ouranos. Los Hecatónquiros eran Kottos "el Golpeador", Briareus "el Fuerte" y Gyges "el Polifacético".

HIISI

En el folclore finlandés, Hiisi es un espíritu del bosque, guardián de la arboleda sagrada del sacrificio en los primeros tiempos. Es de aspecto feo, con ojos siempre fijos y desviados, sin párpados. Sus ropas y su comportamiento demuestran que no tiene nada bueno. En la antigüedad, era un gigante, hijo del héroe Kaleva, pero en los últimos tiempos cristianos su nombre se convirtió en un sinónimo del diablo.

HLGHAN XHIILA Y HLGHAN GHAGING

Entre los pueblos Haida de la costa norte del Pacífico de Canadá, Hlghan Xhiila ("Aleta perforada") y Hlghan Ghaging ("Aleta flexible") son las orcas que lideran a los Qqatsgha Llaanas, una manada de dioses orcas que cuidan el estrecho entre la isla y el continente de los Haida. A menudo se les representa en los tótems y en las puertas de las casas como divinidades protectoras que traen la abundancia.

HOH

En la tradición maya, Hoh el cuervo fue una de las cuatro criaturas que llevaron el maíz a los dioses para que pudieran crear la humanidad. Los otros animales que ayudaron en esta creación fueron el loro Quel, Utiu el coyote y Yac el gato del bosque.

HO-O

Ho-O es un nombre alternativo de Feng Hwang, el Fénix del mito japonés.

HORAE

. . .

Las Horae son las ninfas de las estaciones que mantienen el orden de la naturaleza y que son las guardianas del momento adecuado. Nacieron de Temis y Zeus. Se llaman Eunomia (orden legal), Dike (justa retribución) e Irene (paz).

También eran las encargadas del buen orden, del uso justo y de la paz, mientras que Irene era la madre de Plautus o "riqueza", que sólo puede acumularse en tiempos de paz. Eran las que envolvían a la diosa Afrodita cuando surgía del mar. De su nombre se deriva la palabra "hora". Para aquellos cuyo sentido del tiempo está desgraciadamente desviado, y que se cubren de vergüenza ante su propio desacierto, las Horae pueden ayudar a darles un sentido del ritmo y de lo correcto.

HSI WANG MU

Hsi Wang Mu (o Xi Wang Mu) tiene diversas apariencias, una de las cuales es la de un monstruo con dientes de tigre, cola de leopardo y rostro humano. Originalmente era la diosa de las epidemias, pero se convirtió en la venerada Reina Madre de Occidente en la tradición china, donde se la considera la fuente del Yin o energía femenina. Gobierna el paraíso occidental de los inmortales en los montes Kunlun, donde era atendida por las Chicas de Jade, que eran aves de tres patas. Cuida los melocotones de la inmortalidad y cuando están maduros -cada 3.000 años- invita a todos los dioses a un banquete.

Todos los que comen de ellos son liberados de la muerte. Su consorte Dong Wang Gong vive en el extremo oriental y es la fuente de toda la energía Yang o masculina.

HUALLEPEN

En el folclore de Chile, el Huallepen es un animal compuesto con cabeza de ternero y cuerpo de oveja con patas retorcidas. Vive en charcos y ocasionalmente se aparea con las ovejas o vacas que pastan cerca. Las crías híbridas siempre tienen el hocico o las patas torcidas. No es aconsejable que las mujeres embarazadas se encuentren con esta bestia, pues se cree que los niños no nacidos nacerán igualmente con alguna parte de su cuerpo deformada o retorcida.

HVCKO CAPKO

En las historias de los indios seminolas de Oklahoma, Hvcko Capko ("Orejas largas") era una criatura compuesta con cabeza de lobo de ojos grandes, cuerpo gris y cola de caballo.

Vivía en lugares rocosos y tenía un olor terrible, por lo que se sabía que estaba cerca.

. . .

Se creía que Hvcko Capko era portador de enfermedades, por lo que se evitaba a toda costa el contacto con él.

HYBRIS

Hybris es la madre de Pan, según una versión de su nacimiento en la mitología griega. El nombre es el mismo que la palabra hubris, que hoy suele significar "orgullo desmedido", pero que en el griego primitivo implicaba "desvergüenza" o "desorden violento".

HYDRA

En la mitología griega, Hidra era una monstruosa serpiente acuática de cuerpo informe, hija de Equidna. Al igual que su hermano, Cerbero, la asesina Hidra tenía muchas cabezas y era apodada "perra de Lerna".

Hydra nació en medio de un pantano y vivió enredada en las raíces de un gigantesco plátano que crecía junto a la triple fuente de Amymone. Desde allí asolaba los rebaños de los alrededores. Si alguien lograba cortar una de las cabezas de Hidra, del cuello crecían otras dos, lo que convertía su derrocamiento en una tarea imposible para cualquier héroe.

. . .

Hércules se comprometió a matar a la Hidra como el segundo de sus doce trabajos. Llevó consigo una ayuda en su carro en forma del joven héroe Iolaos. Localizaron a Hidra en el triple manantial y dispararon flechas de fuego en su guarida para obligarla a salir. Entonces Hidra se enroscó alrededor del pie de Hércules. Por si fuera poco, un gigantesco cangrejo salió de la guarida y le mordió el pie.

Hércules continuó su lucha, descubriendo que cada vez que cortaba una cabeza de Hidra, crecían dos más, así que llamó a Iolaos para que le ayudara. Lolaos arrancó prácticamente todo un bosque para hacer marcas de fuego con las que cauterizar los cuellos cortados de la Hidra para que no pudieran crecer más cabezas.

Cuando Hércules hubo cortado la última cabeza, mojó sus flechas en el veneno que brotaba del cuerpo de la Hidra y enterró los restos. Para honrar a su héroe, la diosa Hera elevó a la bóveda celeste la figura del Cangrejo que tanto había atormentado a Hércules, creando así la constelación de Cáncer, junto al signo del león Leo.

En Malí, la Hidra local se llama Señor del Agua; tiene el mismo número de cabezas y vive en los ríos.

I

. . .

IGPUPIARA

Una extraña versión de la sirena que se encuentra en las tradiciones locales de Brasil. Su nombre deriva de la palabra Hipupiara, que significa "habitante del agua". Se diferencia de las demás sirenas en que su parte inferior está formada por una sola masa de carne que adopta la forma de un pez.

Su cabeza no es humana y se asemeja a la de una foca, y tiene unos brazos muy largos con cinco dedos palmeados. Es muy temido por atacar a sus víctimas en el agua, consumiendo sólo sus extremidades. Los primeros viajeros que llegaron a la zona en el siglo XVI informaron de varios avistamientos en la costa de San Vicente. Es posible que esta criatura se base en un recuerdo maniqueo del delfín brasileño.

INDACINGA

Un monstruo gigante del folclore del pueblo Ponca en las grandes llanuras de América del Norte. Los Indacinga son tan fuertes que pueden arrancar los árboles de raíz y con frecuencia destruyen las casas de la gente, esparciéndolas como si fuera madera de fósforo.

. . .

Viven en los bosques profundos y se les invoca como elemento disuasorio contra los niños que se portan mal.

IRUSAN

Según las vidas de santos medievales de Irlanda, Irusan es el gigantesco Rey de los Gatos, que llegó a tener el tamaño de un buey y habitaba una cueva en las montañas de Knowth, en Irlanda del Norte. Irusan estaba dotado de un oído extraordinariamente agudo, y cuando escuchó al gran bardo Senchan Torpeist pronunciando una sátira sobre los gatos, vino a vengarse. Apareciendo de repente, la gigantesca criatura arrojó al poeta sobre su espalda y se marchó con él.

Afortunadamente, San Ciarán oyó al desafortunado poeta pidiendo ayuda, y cogiendo un atizador al rojo vivo del fuego, mató a Irusan cuando pasaba por el monasterio de Clonmacnoise.

ISHIGAQ

Según la mitología del pueblo inuit, los ishigaq eran una raza de personas pequeñas parecidas a las hadas. Medían unos 30 centímetros y no dejaban huellas en la nieve, ya sea porque eran demasiado ligeros o porque flotaban del suelo.

. . .

INDED

Un gran buey primordial de la mitología del pueblo kabyl de Argelia, su mito de la creación cuenta cómo las primeras criaturas que surgieron de Tlam, la oscuridad, fueron Itherther y su pareja Thamuatz, cuya primera cría fue el toro-cría Achimi. Este último se emparejó con su propia madre y llevó a Itherther a las montañas. Allí, cada vez que se acordaba de su pareja, la semilla del buey brotaba en una cuenca de piedra de la que más tarde surgieron todas las criaturas que llegaron a habitar la Tierra.

ITZPAPALOTL

Una deidad azteca que normalmente adopta la forma de una mariposa. En esta forma se la considera una representante del alma que comparten todas las formas de vida. A veces adopta la forma de un ciervo y se asocia con la agricultura. Su contraparte masculina es Itzlacoliohqui ('Cuchillo de Obsidiana Tallado') que representa la materia en su estado sin vida. Con Tezcatlipoca, responsable de la chispa de la vida, estas divinidades aztecas forman una trinidad que custodia los diferentes estados de la vida.

IWANCI

. . .

Según el pueblo jívaro de la región amazónica de Ecuador, los iwanci son enormes monstruos serpentiformes que pueden aparecer en forma de la temible Macanci, un tipo de serpiente de agua, o como la omnipresente Pani o Anaconda. Sea cual sea la forma que adopten, estos monstruos son hostiles a la humanidad y devoran a todo aquel que encuentran.

IYA

Este temido monstruo amorfo procede de las creencias y tradiciones del pueblo lakota de Norteamérica. Lo describen como una enorme criatura de aliento fétido que ataca a los seres humanos sin previo aviso.

J

JACULUS

El jaculus es una criatura descrita en el folclore clásico romano y europeo, especialmente durante la Edad Media.

Su nombre significa "jabalina", lo que probablemente deriva de su costumbre de lanzarse sobre sus víctimas desde un árbol alto y hundirles los colmillos en el cuello.

Descrita como una enorme serpiente alada con dos patas delanteras, es mencionada por el poeta latino Lucano (39-65 d.C.) en su obra Farsalia. Probablemente esté relacionado con el wyvern.

JATAYA

Una de las dos crías del Garuda, el ave-caballo del dios Vishnu en la mitología hindú de la India. Junto con su hermano Sampati, se le describe como de enorme tamaño y con cabeza humana. Según el mito, Jataya fue asesinado por Ravanna, el rey demonio de Sri Lanka, tras lo cual su hermano lo vengó.

JORMUNGANDR

Uno de los nombres más antiguos que se conservan de la Serpiente de Midgard en la mitología nórdica y teutónica.

La palabra jormun está relacionada lingüísticamente con "inmenso" y "la tierra" y a veces se utilizaba en la poesía antigua. Sin embargo, el nombre de la serpiente suele traducirse simplemente como " monstruo enorme".

JULUNGGUL

Un nombre alternativo para la Serpiente Arco Iris de la mitología nativa australiana, llamada así por los nativos de la Tierra de Arnhem.

JURAWADBAD

En los mitos y leyendas del pueblo Gunwinggu de la Tierra de Arnhem, en el norte de Australia, Jurawadbad es parte hombre y parte serpiente.

Jurawadbad se enamoró de una mujer humana, pero el a lo rechazó y tanto el a como su madre se burlaron de él. Poco después, esta mujer tomó como amante a Bulugu, el hombre serpiente de agua. Esto enfureció tanto a Jurawadbad que inmediatamente comenzó a planear cómo podría vengarse.

Se dirigió a un lugar donde sabía que la mujer y su hija estaban buscando comida, y se escondió dentro de un tronco hueco. Pronto la hija empezó a mirar dentro del tronco en busca de larvas. Jurawadbad cerró los ojos para hacerse invisible, y en cuanto la niña y su madre metieron las manos en el tronco, las mordió a ambas, que murieron agonizando poco después.

JURIK

. . .

Jurik es una especie de dragón que escupe fuego según las tradiciones del pueblo de Sunda, Indonesia. Probablemente sea un tipo de serpiente cósmica, reconocida por la estela de fuego que deja en los cielos.

K

KADIMAKARA

Una raza de monstruos en las tradiciones y creencias de los habitantes de Australia Central. En un tiempo estas criaturas vivían en el cielo, luego cayeron a la Tierra y vivieron allí durante mucho tiempo hasta que el sol los quemó, dejando sólo sus huesos. Los aborígenes los llaman Kadimakara, pero ahora la gente se refiere a ellos como dinosaurios.

KALEVANPOJAT

Una tribu de gigantes demoníacos de las tradiciones y el folclore de Finlandia. Su nombre significa "hijos de Kalevala o Kaleva" y se les considera extremadamente peligrosos. Kaleva era un ser primordial y guerrero. Odian a todos los seres humanos y, si tienen la oportunidad, no hay nada que les guste más que destruir los campos de cereales en crecimiento y convertir las zonas de ricas cosechas en terrenos baldíos. También les gusta destruir los buenos bosques.

KAPPA

En la religión sintoísta de Japón, los kappa son espíritus del agua que arrastran a los niños al agua y los ahogan, y que también atacan a los viajeros. No pueden sobrevivir mucho tiempo en tierra, ya que deben mantener la cabeza mojada.

Se les describe con pelo largo, cuerpo de tortuga, extremidades escamosas y cara de simio. En algún momento del pasado pudieron ser monos sabios, pero con el paso de los años han cambiado a su forma actual.

Viven a base de pepino y sangre y vuelan en pepinos encantados a los que les salen alas como a las libélulas. Es posible que hayan influido en los creadores de la serie de televisión infantil Teenage Mutant Ninja Turtles.

KASHI

Espíritu maligno de la tradición africana, sobre todo en Angola, el Kashi tiene dos caras, una de aspecto humano y la otra, que está en la parte posterior de su cabeza, la de una hiena.

. . .

Oculta su segundo rostro tras una larga y espesa franja de pelo que suele vestir de forma muy ornamentada.

Pocos de los seres humanos que cruzan el Kashi escapan para contarlo; pero un día tres niñas decidieron cruzar el río al que solían ir todos los días a recoger agua. La hermana menor de las niñas insistió en acompañarlas, a pesar de sus deseos en contra. Dieron vueltas hasta que vieron a lo lejos una gran casa, bien construida, con un piso superior y una empalizada alrededor. En esta casa vivían no menos de tres kashis, que veían llegar a las chicas con la boca hecha agua mientras discutían los métodos para comerlas. Los tres salieron de su casa, vestidos como caballeros y con el pelo largo recogido a la última moda.

Hablaron con encanto a las chicas, dándoles la bienvenida a su casa e invitándolas a entrar.

Incluso les cantaron canciones. Después, salieron de la habitación, y en ese momento la hermana pequeña dijo: "Me voy de aquí, ¡he visto sus otras caras!". Al principio, las niñas mayores no la creyeron, hasta que vieron también las otras caras. Pero no se sabe si se escaparon.

KHOLOMODUMO

. . .

Un enorme monstruo de las leyendas y el folclore del pueblo Sotho del sureste de África, fue a través de Kholomodumo que la humanidad surgió por segunda vez. Kholomodumo fue una de las primeras criaturas creadas, pero su apetito era tan grande que lo consumió todo, incluida toda la humanidad, a excepción de una mujer, que consiguió esconderse de él y, con el tiempo, dio a luz a dos hijos gemelos. Juntos, la mujer y sus hijos, ayudados por un perro, buscaron y destruyeron a Kholomodumo, momento en el que el cuerpo del monstruo se abrió y todas las criaturas que había devorado salieron a repoblar la Tierra.

KHYUNG

En las leyendas y el folclore del Tíbet, el Khyung es el águila del espacio. Originalmente era un importante espíritu protector en la religión chamánica y prebudista del Tíbet, cuando era un espíritu de clan y de la montaña, y ahora se le considera el guardián tutelar de los lamas y los médiums.

El Khyung vuela más alto que cualquier otra ave. Nació completamente crecido de su huevo, lo que significa para las tradiciones Dzogchen del budismo tibetano que representa la naturaleza no nacida que, sin embargo, alberga la madurez autoexistente de la iluminación potencialmente en su interior. Al igual que el pájaro Garuda del mito indio e indonesio, el Khyung actúa como montura de los dioses y de los iluminados.

En el folclore de la antigua India, esta criatura es parte tigre y parte humana. Tanto el macho como la hembra son humanos de cintura para abajo, pero son tigres por encima.

El macho tiene las marcas del tigre en su cuerpo, pero las hembras se describen como de color dorado y tan hermosas que se sabe que seducen a los humanos. Aunque se alimentan principalmente de peces, también se alimentan de humanos.

KIRTIMUKHA

En la mitología hindú, esta criatura se representa como la cabeza incorpórea de un león con ojos saltones, gruesas cejas que se asemejan a cuernos y una llama de pelo tupido que se extiende por encima de su cabeza. De su boca salen perlas y flores. Según el mito, el Kirtimukha es el resultado de un momentáneo arrebato de cólera del dios Shiva cuando se le informó de que no era digno de casarse con su amada Parvati. Su rabia tomó la forma de un monstruo hombre-león que surgió de su frente y luego se volvió contra su progenitor exigiendo comida. Shiva sugirió a la bestia que se comiera a sí misma, lo que hizo, dejando sólo su cara y un collar de perlas que antes eran sus entrañas. El dios designó a Kirtimukha para que fuera el guardián de las puertas y ordenó que siempre se le ofrecieran sacrificios de carne.

. . .

KITCHI-AT'HUSIS

Una enorme serpiente de agua en las tradiciones de los indios Micmac de América del Norte. Dos chamanes tuvieron un desacuerdo y decidieron resolverlo tomando la forma de sus ayudantes espirituales. Uno se transformó en Weewilmekq, mientras que el otro se convirtió en Kitchi-At'husis. Entonces libraron una gran batalla en el lago Boyden, en el condado de Washington, en Maine. Su lucha causó tal perturbación que hasta el día de hoy las aguas del lago son turbulentas, lo que según los nativos es el efecto continuo de las dos serpientes enzarzadas en la batalla.

KITZINACKAS

Una gran serpiente acuática de las tradiciones y creencias de los pueblos lenape y algonquin de Norteamérica. A diferencia de muchas criaturas de este tipo, que se consideraban peligrosas y temibles, el Kitzinackas era sagrado para este pueblo, y los chamanes lo invocaban a través de la danza ritual.

KOLOWISI

Entre el pueblo Zuni del suroeste de Estados Unidos, el Kolowisi es una enorme serpiente con cuernos, con unas fauces con dientes de cuchilla y numerosas aletas afiladas en el cuerpo.

La leyenda zuni cuenta que una joven fue a bañarse a un manantial y encontró allí un pequeño bebé, que se llevó a casa. Pero no se lo dijo a sus padres, y esa noche, mientras el bebé dormía a su lado, se transformó en el Kolowisi, que se llevó a la niña para convertirla en su esposa.

KRAKEN

El terrorífico monstruo marino de las leyendas de Escandinavia. También conocido como Krabben y Skykraken, el Kraken es descrito como un ser de gran longitud y anchura con un número de aletas y tentáculos que se extienden desde el lado de su cuerpo. El truco favorito del monstruo era rodear con su enorme cuerpo a los barcos que pasaban y arrastrarlos bajo el agua. Esta acción creaba un remolino, de modo que todo lo que escapaba de su ataque inicial era absorbido. El Kraken tenía un gusto por la carne humana y era tan grande que podía consumir toda una flota pesquera -barcos y hombres- de una sola vez. Se dice que el ámbar que aparece en las costas del Mar del Norte ( ) es su excremento. Cuando no atacaba a sus presas, el Kraken permanecía en la superficie del mar y, al igual que el Fastitocalon y el Aspidochelone de la tradición marinera, a menudo se le confundía con una isla flotante.

· · ·

Los marineros incautos que intentaban desembarcar en su lomo y encender fuegos para cocinar, pronto aprendían el error de sus acciones. A pesar de su temor, los pescadores observaron que grandes bancos de peces más pequeños siempre parecían nadar ante él, de modo que aquellos lo suficientemente valientes como para arriesgarse a las mandíbulas del Kraken conseguían una notable captura. En la década de 1680, se informó de que un Kraken había encallado en la costa de Noruega; mientras que una tradición local en Rousay, en los Kyles of Bute (Escocia), afirma que un Kraken fue arrastrado a la orilla en 1775. La descripción en un libro del siglo XVIII, The Natural History of Norway, incluye una mención de cómo el Kraken oscureció el mar con una descarga de líquido, lo que sugiere que lo que el autor de este libro puede haber estado describiendo era un pulpo o una sepia de tamaño inusual.

KRAMPUS

El Krampus es la cabra de invierno que recorre los días entre el solsticio de invierno y la Epifanía (6 de enero) en la fiesta austriaca del Perchtenlauf. En otros lugares, el Krampus es conocido como el compañero de San Nicolás.

En todo el Tirol austriaco, hasta Baviera y partes de Italia, el Krampus es un demonio de la fertilidad, con una larga cola y piel, que lleva una cadena, una rama de abedul y una gran bolsa negra.

Actúa como complemento de San Nicolás, ya que mientras el santo hace regalos en Navidad, el Krampus castiga a los que se han portado mal.

Los niños realmente malos pueden incluso ser llevados en su saco negro. En Austria, el Krampus también es conocido como Knecht Rupecht o Pedro Negro, y en Alemania puede llamarse Pelzebock, Pelznikel, Hans Muff, Bartel, Black Pit, Gunphinkel o Stoppklos. La víspera de San Nicolás (5 de diciembre) también se conoce como el día del Krampus en algunas partes del Tirol austriaco.

KUNAPIPI

En los mitos aborígenes del Tiempo del Sueño australiano, Kunapipi era el monstruo acuático que acechaba en la región de Arnhem Land, en el norte de Australia. También conocido como Guanapipi, el monstruo nadaba y se escondía en los arroyos donde pescaban los jóvenes, emergiendo lentamente para tragárselos por el gaznate. Un búho real persuadía a Kunapipi para que los regurgitara, un acontecimiento que todavía se representa cuando los adolescentes de la tribu se someten a los ritos de la pubertad.

KYERYONG

. . .

En Corea, este es el nombre que recibe el dragón que también es un pollo. En Corea del Sur se celebra anualmente la ceremonia del Ahm-Yong, que da nombre a una montaña. En esta cordillera hay un estanque donde vive la hembra Kyeryong. Las chamanes se bañan en esta piscina para obtener poderes mágicos femeninos. Una Kyeryong fue la madre de Alyeong.

KY-LIN

Una variante del Unicornio de la mitología y las tradiciones de China. El Ky-Lin tiene cabeza de dragón, con un solo cuerno, melena de león, cuerpo de ciervo y cola de buey.

Esto indica que el Ky-Lin representa los cinco elementos y las cinco virtudes. También se dice que encarna el equilibrio yin-yang entre lo masculino y lo femenino: "Ky" es masculino y "Lin" femenino. Su único cuerno representa la unidad del mundo bajo un gran gobernante y el Ky-Lin, que normalmente vive en el Paraíso, sólo visita el mundo en el nacimiento de sabios filósofos o durante el reinado de monarcas especialmente virtuosos. Al igual que su primo occidental, el Ky-Lin siempre se representa como extremadamente gentil y nunca utiliza su cuerno para defenderse.

. . .

En el arte chino, aparece en compañía de sabios e inmortales, y cualquiera que aparezca montado en un Ky-Lin debe ser una persona de gran fama o virtud.

El término "montar un Ky-Lin" indica una persona con una suerte y una habilidad excepcionales. Personifica todo lo que es bueno, puro y pacífico en el mundo.

L

LAKHMU

En la leyenda mesopotámica, Lakhmu es uno de los titanes primordiales creados cuando el dios Abzu se acostó con la diosa Tiamat, madre del caos. Todos los hijos de Lakhmu, Igigi, Anu y los Anunnaki, se alzaron contra sus abuelos, al igual que los dioses olímpicos derrocaron a los titanes en la mitología griega. Lakhmu y su progenie fueron destruidos por Marduk, el dios del sol.

LAKIN CHAN

En la tradición maya, Lakin Chan es la Serpiente de Oriente. Es el creador de la humanidad y de toda la vida en la Tierra. Inventó la escritura y es el guardián de las hierbas, la medicina y los libros. Es el hijo de HunabKu, el "dios detrás de los dioses".

LANDVAETTIR

En la mitología nórdica, los Landvaettir son seres del mundo inferior. Estas criaturas con aspecto de elfos eran los guardianes de la tierra. Por respeto a ellos, en la tradición islandesa, las proas con cabeza de dragón de la proa del barco debían retirarse al acercarse a tierra para no ahuyentar a los Landvaettir.

LEUCROTTA

En los bestiarios medievales de la primera tradición europea, el Leucrotta es una criatura híbrida que vive en la India. Se parece a un asno, pero tiene la cabeza de un tejón, el cuello, la cola y las extremidades delanteras de un león y las patas traseras de un ciervo con pezuñas hendidas. Su boca se extiende de oreja a oreja y, en lugar de dientes, tiene una hoja de hueso colocada horizontalmente en los tarros superior e inferior. El cacareo del Leucrotta era como el de un humano.

LEVIATHAN

. . .

En la tradición bíblica, Leviatán se encuentra en un círculo que rodea el mundo como Ouroboros, pero con la intención de vencerlo, no de preservarlo.

No puede vivir en el mar Mediterráneo porque es demasiado grande, y prefiere el océano Índico. Según el Apocalipsis eslavo de Abraham, del siglo II, Leviatán es un peligro para la existencia del mundo:

'Y vi allí el mar y sus islas, y su ganado y sus peces, y a Leviatán y su reino y su cama y sus guaridas, y el mundo que yacía sobre él, y sus movimientos y la destrucción que causó al mundo'.

La atención de los piadosos era un freno activo al intento perpetuo de Leviatán de encontrarse con la cabeza en la cola. Que esté en tu mente y no se moverá de su sitio", dice el Epistil Isu irlandés del siglo VIII. La palabra hebrea liwiathan se traduce como cocodrilo, pero sus liwya (retorcimientos) se parecen más a los de una gran serpiente que a los de cualquier cocodrilo.

LOCUSTS

En la tradición islámica, las langostas fueron los primeros animales creados. Se apiadaron de Adán cuando fue expulsado con Eva del Jardín del Edén porque las langostas estaban hechas con los restos de arcilla que habían formado al primer hombre. Su rey tiene forma de águila y recibe sus órdenes directamente de Dios. Los dibujos en el lomo de las langostas se entienden como una antigua escritura árabe que dice "Dios es uno".

Están al servicio de Dios y pueden ser enviadas contra los que ofenden al Creador, como cuando el Faraón se negó a dejar salir a los Hijos de Israel de Egipto.

En la leyenda Hopi de la Mujer Araña y la migración de los clanes, el clan de la Flauta Azul creó a la langosta, un flautista jorobado, para que trajera el calor tropical con su toque de flauta y ayudara a derretir la nieve que bloqueaba la Puerta Trasera del Cuarto Mundo.

Desde entonces, el arte de tocar la flauta ha estado bajo la protección de la langosta.

LWAN SHUI

El Lwan Shui es un pájaro chino que se parece a un gran faisán pero tiene un plumaje más vistoso, que puede cambiar de color. Cada vez que moría uno de los Lwan Shui, a su funeral acudían otros 100 faisanes.

LYRE BIRD / PÁJARO LIRA

. . .

En la leyenda aborigen australiana, el pájaro lira, con sus hermosas plumas en la cola, es el que se mantuvo al margen de la batalla entre los animales en un gran corroboree (reunión).

El corroboree se había reunido para discutir las leyes del matrimonio entre animales, pero todos se pelearon entre sí. El resultado de esta discusión fue una tremenda batalla en la que nadie ganó. Se decidió que cada especie de animales tendría su propia lengua. Como el pájaro lira intentó ofrecer palabras de reconciliación y traer la paz, sólo él, entre todos los animales, es capaz de imitar a todos los animales en sus cantos y danzas.

M

MADA

Este monstruo, procedente de la mitología de la antigua India, destaca por su enorme boca, llena de dientes afilados. Se come todo, incluso a los seres humanos.

MAGAERA

. . .

En la tradición grecorromana, Magaera es una de las Furias, seres monstruosos que exigen el castigo de quienes han perpetrado ciertos crímenes, como el matricidio o el parricidio, que quedan impunes por las leyes humanas. Su nombre significa "furia envidiosa" y suele describirse como una mujer humana con alas de murciélago y serpientes por el pelo.

MANETUWI-RUSI-PISSI

Entre los Shawnee de Norteamérica, Manetuwi-Rusi-Pissi es un tigre de agua que custodia los lagos y las aguas dulces de sus tierras tribales.

MANIBOZHO

Este es el nombre que los indios algonquinos de América del Norte dan a la Gran Liebre, que es a la vez creadora y embaucadora.

MANIPOGO

Uno de los muchos monstruos lacustres similares al famoso Monstruo del Lago Ness.

. . .

Esta criatura está descrita en el folclore de los nativos que viven alrededor del lago Manitoba, en Canadá.

El 12 de agosto de 1962, dos hombres que estaban pescando en este lago tomaron una fotografía de lo que creen que es el Manipogo. Parecía una típica serpiente de agua con una sola joroba.

MEDUSA

Una de las Gorgonas, tres hermanas de la mitología griega clásica que fueron transformadas en monstruos por la diosa Atenea después de que el dios del mar Poseidón violara a Medusa en un templo sagrado para la diosa. Se las describe con aspecto de mujer, pero con alas coriáceas en forma de murciélago, grandes colmillos que sobresalen de una boca abierta y serpientes en lugar de pelo; Medusa también tiene manos con garras hechas de bronce. Cualquier mortal que la mirara a la cara se convertía instantáneamente en piedra.

Las tres eran hijas de Ceto y Phorcrys, el Viejo del Mar, pero a diferencia de sus hermanas Euríale y Ateneo, Medusa era mortal y encontró su fin a manos del héroe Perseo, que la decapitó mientras dormía. De su sangre derramada surgieron el monstruoso Crisaor y el caballo alado Pegaso. Aunque fue perseguido por las hermanas de Medusa, Perseo escapó y acabó utilizando la cabeza cortada para convertir a sus enemigos en piedra.

. . .

MESHKENABEC

También conocido como Misikinebek o Mashenomak, Meshkenabec es una enorme serpiente lacustre, con escamas del tamaño de un plato, cabeza escarlata y ojos que irradian luz roja. Esta criatura era muy temida y respetada por los indios de los bosques de Norteamérica. Vivía en un lago profundo con muchos asistentes serpentinos más pequeños, y finalmente fue derrotada y asesinada por el héroe Manabozho, que impidió que se tragara a la gente convirtiéndose él mismo en su víctima. Mientras estaba dentro de la serpiente, bailó una danza y la apuñaló en el corazón antes de salir a hachazos, permitiendo que otras víctimas escaparan con él.

MINOTAURO

Según el mito, Pasífae, la esposa del rey Minos de Creta, manifestó un deseo antinatural de aparearse con un gran toro blanco sagrado para Poseidón, el dios del mar, o posiblemente el dios en esta forma. Empleó al artesano griego Dédalo para crear un cuerpo de vaca artificial en el que se metió, permitiéndose así disfrutar del toro. El resultado de este acoplamiento fue que dio a luz a un niño con cabeza de toro, al que llamaron Asterión, pero que hoy se conoce mejor como el Minotauro. La segunda parte del mito describe cómo Dédalo construyó un gran laberinto bajo la corte de Minos en el que se colocó al monstruo.

. . .

Como tenía en su interior la sangre de un dios, no se le mató, sino que se le aplacó con sacrificios humanos, que fueron enviados al laberinto para ser consumidos por el monstruo.

MIQQIAYUUQ

Según el pueblo inuit de la zona de la Bahía de Hudson (Canadá), el Miqqiayuuq es un ser grande y sin rostro, cubierto de pelo, que habita en las profundidades de los lagos de agua dulce. Tiene una vena maliciosa, y se sabe que está activo en invierno cuando vuelca los cubos, que los inuit dejan caer en el agua helada, para que no puedan llenarse.

MI'RAJ, AL

Una gran liebre amarilla de la mitología de los países islámicos del norte de África y Oriente Medio. Tiene un solo cuerno que sobresale de la frente y comparte muchos de los atributos del unicornio.

MISHIPIZHIW

Este monstruo acuático, procedente de las tradiciones de los pueblos ojibwa y algonquin de Norteamérica, tiene el cuerpo de un gran gato con una cresta con dientes de sierra a lo largo del lomo que se extiende hasta una cola larga y sinuosa con la que captura a sus víctimas. También se dice que levanta feroces tormentas en la superficie del agua agitándolas con su cola. Los relatos sobre el Mishipizhiw -también conocido como Mitchipissy- se remontan al siglo XVII, y una de las primeras fotografías del Lago Superior, de 1850, muestra una inexplicable ola de proa que atraviesa el agua y que se ha atribuido al Mishipizhiw.

MOKELE-MBEMBE

Se dice que el Mokele-Mbembe, una curiosa combinación de criaturas, se asemeja a un elefante con una sola trompa que le sale de la cabeza y una cola como la de un cocodrilo o una serpiente escamosa. Se creía que habitaba en las cavernas de los acantilados de la costa del Congo, en África Occidental. Parece que puede ser similar al Groot Slang y al Iriz Ima, que también son nativos de la zona y se dice que actúan de forma similar. Se dice que las tres criaturas atacan a los seres humanos lo suficientemente imprudentes como para navegar con sus barcos en la zona en la que habitan.

MOKO

El Gran Lagarto o Rey Lagarto en la mitología de los pueblos mangarianos del Pacífico Sur.

Moko era mitad hombre y mitad lagarto, pero tenía muchos descendientes humanos, entre ellos el gran héroe Ngaru, que era su nieto y al que protegía constantemente con su magia.

MPACASA

Mpacasa es el buey que fue enviado por Nzambi Mpunga, madre de todas las cosas, a buscar el tambor de la lavandera, Nconzo Nkila, en el mito de Abron de la Costa de Marfil de África. Mpacasa fue asesinado y comido por la tribu de la lavandera, que lo cocinó por su audacia.

MSI-KINEPIKWA

Según las tradiciones del pueblo Shawnee de Norteamérica, esta gran serpiente tenía originalmente el aspecto de un cervatillo con un cuerno rojo y otro azul, que vivía en el centro de un lago. Sin embargo, a medida que crecía, fue mudando esta forma -como todas las serpientes mudan su piel- hasta que finalmente surgió como Msi-Kinepikwa.

También se le conoce simplemente como Kinepikwa.

MUIRIASC

El "pez marino" irlandés es un monstruo de las profundidades cuyos secretos conocía San Columba. Decía que el Muiriasc tenía tres portentos: Cuando vomita hacia la tierra, habrá pobreza y escasez durante uno a siete años. Cuando vomitaba hacia arriba, habría pobreza y tormentas en el aire sobre ese lugar. Cuando se arrojara hacia abajo, habría pobreza y mortandad entre las bestias del mar.

MUIRSELCHE

El nombre irlandés significa "caracol de mar", pero el Muirselche es probablemente un pulpo gigante o una sepia.

Su principal habilidad es succionar cosas y personas en sus enormes fauces, que eran como una bolsa de tesoros o un depósito. Incluso podía succionar a un hombre con armadura. Finalmente, fue vencido por el Dagda, el dios bueno, con su garrote de la tempestad, que entonó un hechizo contra el Muirselche que lo hizo desaparecer: "¡Gira tu cabeza hueca, gira tu cuerpo codicioso de tesoros, gira tu cresta, gira tu oscuridad mortífera, gira!"

MUNINN

Uno de los dos cuervos que se sentaban sobre los hombros del dios Odín en la mitología nórdica y teutónica.

El nombre de Muninn significaba "memoria"; el de su hermano Huginn, "pensamiento". Estos pájaros volaban todos los días por el mundo, anotando todo lo que ocurría; partían por la mañana y volvían al dios antes del desayuno del día siguiente para informar de todo lo que habían visto.

MURGHI-I-ADAMI

No uno, sino dos fabulosos pájaros de la mitología del mundo islámico comparten este nombre. Se dice que se parecen a los pavos reales, pero con rostros humanos y la capacidad de hablar. Si alguien que se sentara cerca por casualidad los escuchara, oiría muchos secretos y posiblemente mucho que influiría en sus propias vidas. Durante la Edad Media, los viajeros europeos volvían con historias de estas criaturas, que pasaron a formar parte de la mitología de los bestiarios. Se dice que se originaron en el Jardín del Edén, siendo exiliados en el momento de la expulsión de Adán y Eva, trayendo consigo secretos que habían escuchado en el Paraíso.

MUSKRAT

En los mitos de los indios Menominee de Norteamérica, los espíritus Amamagqkiu provocaron una gran inundación que destruyó el mundo.

. . .

Después de que las aguas se calmaron, Manabusch la Gran Liebre pidió a los animales supervivientes que le ayudaran a recrear el mundo, lo que sólo podía hacer si tenía un grano de tierra. El castor, la nutria y el visón buscaron uno, pero perecieron. Fue la rata almizclera la que consiguió llevar la mota de tierra a la liebre.

N

NAMTAR

En el mito egipcio, Namtar es la serpiente guardiana de la entrada al inframundo. También permite que el dios del sol Ra salga del inframundo cuando emprende su vuelo por el cielo nocturno de vuelta al punto donde comienza su viaje diario.

NANABOZHO

Nanabozho es el nombre dado al embaucador Manabusch entre los indios de los bosques centrales de Norteamérica.

Entre los Potawatomi, Nanabozho era el mayor de los cuatrillizos. El menor mató a su madre al nacer.

. . .

El segundo hermano fue ahogado por los inmortales y se convirtió en el supervisor de los muertos, pero Nanabozho inició a la gente en la Midiwinwin o Gran Sociedad de Medicina como reacción a este acontecimiento, para que se mantuvieran los procedimientos ceremoniales adecuados en torno a la muerte, la enfermedad y la calamidad. Toma la forma de una liebre.

NIFOLOA

La picadura del Nifoloa, un insecto samoano con un diente afilado del tamaño de un dedo de la mano, provoca la muerte si no se administra inmediatamente la medicina. No se ve ninguna herida punzante, pero la víctima sufre mucho.

Una vez administrado el medicamento, la hendidura del diente aparece. El Nifoloa sigue a las personas solitarias que caminan a casa. Si un caminante regresa con escalofríos y se manda llamar al curandero, nunca se refiere a la medicina por su nombre, sino que la llama "la medicina del diente del jefe". Sin embargo, Nifoloa es astuto, y si oye que un curandero está buscando la medicina adecuada, inmediatamente arrancará del suelo las hierbas que crecen cerca.

NIHNIKNOOVI

. . .

Entre los Kawaiisu Tubatulabal del suroeste de América, el Nihniknoovi es un gran pájaro depredador que se lleva a los seres humanos. Prefiere una cena sin sangre, por lo que el Nihniknoovi drena la sangre de su presa en un pozo de agua especial antes de cenar.

En la mitología nórdica, las Nornas son las guardianas del destino. Viven en una sala bajo el gran árbol del mundo, Yggdrasil. Se llaman Urd, Verdandi y Skuld, y sus nombres significan "Pasado", "Presente" y "Futuro" o "Llegado", "Convertido" y "Convertido", respectivamente.

El poeta y estadista nórdico Snorri dijo que hay otras Norns que están unidas a cada niño vivo y supervisan su período de vida. Algunas de las Norns son de origen divino, mientras que otras descienden de los elfos y los enanos. (Urd es también el nombre dado al pozo del destino).

NU KWA

En la mitología china, Nu Kwa es humana de cintura para arriba pero tiene la mitad inferior de una serpiente. Es inseparable del Emperador Fu-His, con cuerpo de serpiente, con el que está eternamente unida. Es la creadora de la humanidad y la responsable de mantener el mundo en orden.

. . .

Después de crear a los humanos, Nu Kwa sofocó una rebelión contra su orden. Cuando el jefe rebelde derribó los pilares del cielo, ella lo rehízo fundiendo turquesa.

Utilizó los dedos de Kashyapu, la tortuga cósmica, como marcadores de dirección. Después de la gran inundación, restauró la tierra utilizando cenizas de cañas quemadas. Estableció la costumbre del matrimonio y es la encarnación de la creatividad y el orden cósmico.

NINFAS

Las ninfas son espíritus femeninos o semidivinidades que tienen su origen en la gran diosa Gea de la mitología griega. Gea creó las montañas en cuyos valles las ninfas gustan de pasearse. De las Meliae o Ninfas de la ceniza, que surgieron de las gotas de sangre derramadas cuando Urano fue castrado, descendió una raza de hombres fuertes. Las ninfas suelen vivir en hábitats naturales y se asocian a su localidad, que custodian. Como mujeres jóvenes y hermosas, se asocian a dioses como Pan, Hermes, Apolo, Dionisio y Artemisa, todas ellas divinidades que recurren a lugares salvajes y secretos. A menudo se las ve con sátiros y Sileni. Según el lugar en el que se encuentren las ninfas, se dividen en órdenes como las dríades, las hamadríades, las meliáceas, las náyades, las nereidas, las oceánidas y las leonas. La palabra ninfa significa "novia" o mujer casadera.

. . .

O

O GONCHO

Un gigantesco dragón de alas blancas de las tradiciones de Japón. El O Goncho habitaba un tramo de agua particular cerca de Yamahiro. Cada 50 años se transformaba en un pájaro dorado con un grito parecido al aullido de un lobo.

Se creía que esta metamorfosis y el grito del O Goncho presagiaban un desastre inminente.

OGOPOGO

Hubo varios avistamientos de este monstruo durante el periodo comprendido entre 1952 y 1975 en la zona del lago Okanagan, en la Columbia Británica (Canadá). Cada una de las descripciones difiere de la otra, ya que algunas versiones describen al monstruo con la apariencia de un enorme tronco con cabeza de caballo; otras describen una serpiente ondulada con varias jorobas o crestas afiladas a lo largo de su espalda; mientras que otras han afirmado que se trata de una criatura serpentina de 70 pies con muchas aletas. Cada vez que las aguas del lago están especialmente revueltas, la población local dice que se trata de Ogopogo.

. . .

Las mismas tradiciones locales sugieren que la criatura vive en el lago o en la pequeña Isla de la Serpiente de Cascabel.

No se han producido avistamientos recientes y se especula con la posibilidad de que la criatura haya muerto o se haya trasladado a otro lugar.

OGRO

El término genérico "ogro" se da a muchos de los gigantes caníbales de la cultura mundial cuando la mitología empieza a desviarse hacia el folclore y el cuento de hadas.

Fue utilizado por primera vez por el narrador francés Perrault en sus Contes (1697), y de forma más extraña por George Macdonald en su Phantastes, donde utiliza la palabra ogro para describir a una siniestra mujer de dientes puntiagudos que tienta al héroe para que mire dentro de cierto armario advirtiéndole de que no lo haga. Esta psicología inversa consigue hacerle mirar dentro. Ogro es un nombre que se da a cualquier bicho u hombre del saco que te asusta o te sigue. La aparición cinematográfica más reciente de un ogro es la del mal hablado Shrek que, contra todo pronóstico, consigue la mano de la princesa.

OSCHAERT

Uno de los muchos y temibles Perros Negros mencionados en el folclore de Europa. Esta criatura en particular, originaria de los alrededores de la ciudad de Hamme, cerca de Duendemonde (Bélgica), comparte las características del resto de sus congéneres, y ha sido descrita como del tamaño de un caballo con ojos de fuego. Al igual que la mayoría de estas criaturas, se aprovecha de los viajeros por la noche, saltando sobre sus espaldas y haciéndose más pesado hasta aplastar a su víctima. Se sabe que el Oschaert busca especialmente a los que tienen problemas de conciencia. Se dice que un sacerdote local exorcizó al monstruo hace varios años y lo desterró al otro lado del mar durante un periodo de 99 años.

OSHADAGEA

Según los pueblos iroqueses de los bosques de Norteamérica, Oshadagea es el " águila del rocío" que vive en el cielo occidental y lleva un estanque de rocío en el hueco de su espalda.

Si la Tierra es atacada por el fuego, libera rocío vivificante para ayudarla a recuperar su fertilidad.

OUROBOROS

. . .

Una gran serpiente-dragón de la antigua mitología egipcia, que representa la eternidad y se representa devorando su propia cola. Al mismo tiempo, se renueva constantemente, un proceso que provocará el fin del tiempo si alguna vez se interrumpe. El uroboro se convirtió en un símbolo famoso en las tradiciones de la magia y la hechicería antiguas, y a menudo se encuentra en los talismanes que utilizaban los magos.

P

PAI LUNG

Pai Lung es un dragón blanco de la mitología china, uno de los Lung (Reyes Dragón).

Surgió después de que una familia protegiera a un anciano de una tormenta. Cuando éste se marchó, se descubrió que la joven que había abierto la puerta estaba embarazada, por lo que su familia la echó de la casa. Cuando dio a luz, su bebé no era más que una bola de carne blanca que la comadrona arrojó posteriormente al agua. Se convirtió en un dragón, pero la madre de Pai Lung nunca se recuperó del shock de haber dado a luz a un dragón y murió. Su tumba se convirtió en un santuario. El templo de Pai Lung se encuentra en el monte Yang Suchow, en Kiangsu.

· · ·

PAIJA

En las creencias de los pueblos inuit de Canadá, Paija es una gran hembra salvaje con pelo negro por todo el cuerpo y una pierna que deja un distintivo rastro retorcido de un pie en la nieve. Quien vea su rastro evitará seguir adelante por si Paija está delante, dispuesta a detenerle en su camino, pues le agarrará y le comerá.

PALULUKON

En las tradiciones Hopi del suroeste americano, el Palulukon es una serpiente de agua. Al igual que los nagas de la tradición asiática, es necesario comportarse en sintonía con el entorno, ya que de lo contrario los Palulukon harán que la tierra se mueva o que los manantiales dejen de fluir. En la creencia Hopi, el mundo entero flota sobre el lomo de dos Palulukons en el océano primordial.

PAMBA

En la leyenda tanzana, Pamba es una criatura acuática con una boca tan grande que puede tragarse una canoa y su tripulación. Dondequiera que nade en el lago Tanganica, las aguas se vuelven rojas.

. . .

PEGASUS

Cuando el dios griego Poseidón se acostó con Medusa, Atenea la convirtió en un terrible monstruo cuya sola mirada podía petrificar al espectador. Sólo Pegaso fue capaz de derrotarla y, al decapitarla, las semillas de su unión con Poseidón se liberaron de su cuerpo, convirtiéndose en el guerrero Crisaor y en el caballo alado Pegaso. Pegaso se convirtió en el favorito de las musas del monte Helicón y creó el pozo sagrado, Hipocrene, estampando su casco en el suelo. Pegaso se convirtió en el ayudante del héroe Belerofonte, que lo buscó y lo domó echándole una brida de oro al cuello, regalo de la diosa Atenea. Volando a lomos del caballo, Belerofonte destruyó a la Quimera.

P'ENG

El P'Eng es un gran pájaro que en la mitología china comenzó su vida como un pez llamado Kw'en. Una vez convertido en pájaro, era tan grande que sus alas borraban los cielos. En la temporada de tifones, el P'Eng volaba hacia el sur desde su hogar en el norte.

Uno de los caballos del sol, en la mitología griega Faetón es el "Resplandeciente" que tira del carro del sol conducido por el dios Helios.

. . .

FAISÁN

En la leyenda china, Song-Sseu es el nombre del mítico pájaro con cabeza humana y cuerpo de faisán hembra. Este faisán divino se bordaba tradicionalmente en la túnica de baile ceremonial de una princesa casadera, ya que la primera llamada del faisán era una señal para los jóvenes de que era el momento de salir a bailar. Según la leyenda, el emperador Yu, con nariz de cuervo, recoge las plumas del faisán divino, que es como un ave del paraíso con ocho alas, del lugar donde yace el cuerpo de su padre, pues es allí donde se posa.

PHOENIX / FÉNIX

Los orígenes del Fénix griego de plumaje dorado se encuentran en el Bennu egipcio, que era una garza de la que se decía que era la primera criatura surgida del barro primordial. El Bennu es el pájaro sagrado de Ra. Venerado como la manifestación del dios del sol de Heliópolis, se decía que sólo aparecía una vez cada 500 años. Vivía del rocío y volaba a otras tierras, recogiendo una bola de mirra perfumada para hacer una pira en la que se quemaba hasta morir. Al cabo de tres días resurgía de las cenizas. Plinio cuenta que el Fénix reúne un nido de casia e incienso en el que muere y se incuba. En la época imperial romana, el Fénix se convirtió en el emblema del Imperio imperecedero y se representó en monedas y mosaicos.

En Persia, el Fénix era conocido como AlSalmandra, que puede ser una bestia de cuatro patas o un pájaro que vive en el fuego. Una historia similar sobre la muerte ardiente se cuenta sobre el Simurgh. Ambas aves parecen estar relacionadas con el Roc y el Garuda de la creencia hindú.

PIHUECHENYI

Entre los pueblos araucanos de Chile, los pihuechenyi son serpientes aladas que se alimentan de la sangre de las personas por la noche a modo de vampiros.

POMBERO

En el folclore argentino, el Pombero es un duende. Entre los indios guaraníes de Brasil se le llama Cuarahu-Yara (Dueño del Sol). Aparece por la noche, sobre todo si la gente habla de él, y es algo así como un visitante nocturno de las mujeres, a las que puede fecundar sólo con el toque de su mano, pero es solícito con los niños que nacen. Es un embaucador que suelta el ganado, roba cosas y asusta a los caballos. Pombero es un San Antonio élfico en el sentido de que si le ofreces un cigarrillo, te ayudará a encontrar cosas que hayas perdido.

. . .

Es un guardián de las casas a la manera de un brownie si te mantienes con él, pero muchos piensan que es demasiado difícil. Vigila a los pájaros y evita que sean abatidos por las hondas de los niños.

POOKA

En la tradición irlandesa, el Pooka o Puca es un espíritu travieso con forma medio animal que puede transformarse a voluntad. Los pookas castigan la ingratitud y el robo, y se sabe que ayudan a rescatar a las bestias que se hunden en las ciénagas. A veces ayuda en las tareas domésticas y pone orden después de la gente. Los niños irlandeses llaman "pookas" a los caracoles y les piden que saquen los cuernos en una rima infantil. Antes de Hallowe'en es seguro comer la mora del camino, pero no después, cuando el Pooka golpea la fruta, haciéndola incomestible al ensuciarla.

PTESAN-WI

Entre las tribus lakotas de Norteamérica, Ptesan-Wi es el nombre que se le da a la Mujer Búfalo Blanco, una de sus mayores maestras, la mensajera que pasa entre el Búfalo y la gente. Ptesan Wi apareció en los tiempos anteriores a que los sioux tuvieran caballos (antes de los primeros invasores españoles).

. . .

Q

QUAILERTETANG

Entre los pueblos inuit de la isla de Baffin (Canadá), Qailertetang es la foca sirviente de la diosa Sedna. La función de Quailertetang es viajar desde las profundidades de los mares helados del inframundo, donde Sedna tiene su reino, a la tierra de los humanos para informar de las fechorías de los hombres. Sedna ya sabe que se han cometido fechorías porque le duelen los dedos. En el festival anual que honra a Sedna, una bailarina se viste de Quailertetang, con aletas de foca, e inspecciona a las bailarinas emparejadas.

Tejiendo entre ellos, reorganiza las parejas hasta que está satisfecha, tras lo cual esas parejas deben salir y ser marido y mujer durante un día y una noche. Se cree que esta práctica mejora las poblaciones de humanos y focas. El resto del festival incluye una franca evaluación pública de las faltas cometidas por la tribu ese año, para demostrar a Quailertetang que la tribu es consciente de sus responsabilidades, pues saben que ella informará a Sedna, que puede castigarlos si ocultan sus faltas. Estos pecados ponen en peligro a todos, ya que Sedna dejará de enviar los sellos de los que dependen para alimentarse y vestirse.

QQAAXHADAJAAT

Qqaaxhadajaat (Mujer Pez Perro) es una de las fundadoras del Linaje Pez Perro entre los pueblos Haida de la costa noroeste del Pacífico de Canadá.

Qqaaxhadajaat se fue de viaje con su marido y se burló del pez perro. Mientras estaban en una roca rodeada por el mar, el pez perro arrastró a la Qqaaxhadajaat bajo el mar, donde descubrió que el pez perro era en realidad gente que llevaba mantas de pez perro. Pero esta percepción fue la que se le ocurrió en su estado de cambio, ya que después de permanecer allí durante un tiempo, empezaron a crecerle aletas en los brazos, las piernas y la espalda.

Después de muchos años, su marido la localizó de nuevo, pero las aletas se habían convertido en parte de su cuerpo y nunca más volvió a los reinos humanos. La familia humana que le quedaba adoptó el escudo del pez perro y rebautizó su casa con el nombre de Casa del Pez Perro.

QUAIL

La mitología de la codorniz está muy extendida por todo el mundo. En China, la codorniz se asocia con el Fénix o Feng Hwang como el Pájaro Escarlata de los Astrónomos. En la creencia taoísta, la codorniz es la esencia del Yang, que representa el elemento fuego y el verano.

. . .

Para el pueblo Ainu de Japón, la codorniz es el único pájaro creado en la Tierra, ya que los demás han emanado del cielo. Se la considera la esencia de la buena vida, ya que está bien cubierta de plumas y bien alimentada. En la creencia hindú, la codorniz anuncia el regreso del sol, según el mito en el que los gemelos divinos, los Asvins, representantes del día y la noche, ayudan a revivir a una codorniz que ha sido tragada por el lobo de las tinieblas.

En Rusia, la codorniz está emparejada con la liebre como criaturas del sol y la luna respectivamente. Fue una de las aves enviadas para alimentar a los hambrientos israelitas en el desierto tras el Éxodo de Egipto, aunque era un alimento prohibido para quienes adoraban al dios de Oriente Medio, Baal, al que se sacrificaban codornices. Leto, la madre de Apolo y Artemisa en el mito griego, fue convertida en codorniz por la celosa Hera. De esta forma, Leto voló con seguridad a Delos para dar a luz a sus hijos. En el folclore romano, la codorniz era el regalo de un amante a su amada, ya que el ave se consideraba amorosa.

QUEL

En la tradición maya, el loro Quel fue una de las cuatro criaturas que llevaron el maíz a los dioses para que pudieran crear la humanidad. Los otros animales que ayudaron en esta creación fueron Hoh el cuervo, Utiu el coyote y Yac el gato del bosque.

QUIKINNA'QU

Quikinna'qu es el Gran Cuervo del mito de los indios Koyrak en América del Norte.

Quikinna'qu también es conocido como el Gran Abuelo o el Creador, que se pone su capa de cuervo para ir a buscar renos para el pueblo. También se dice que fue creado cuando el creador estaba afilando su cuchillo en el cielo; una astilla de piedra de afilar cayó a la Tierra y se convirtió en Quikinna'qu. Su esposa es Miti'. Es, al mismo tiempo, un chamán, el primer hombre y el héroe de la cultura que consigue los componentes y herramientas esenciales para la vida básica. Cuando los chamanes koryak tratan a sus pacientes, se dirigen a ellos en nombre de Quikinna'qu, diciendo: "El Gran Cuervo está trabajando para ti aquí, el Gran Cuervo te está curando". Los mitos de Quikinna'qu son a menudo cómicos y escatológicos, como corresponde a un espíritu embaucador, e implican servir budín de estiércol e intercambiar los genitales con su esposa para confundir a la gente. Sus extraordinarias aventuras asombran y calientan el corazón, ya que Quikinna'qu y Miti' tienen como objetivo el bienestar de la humanidad.

R

RAHU

En la tradición hindú, Rahu es el monstruo que adopta la forma de un hombre con cabeza de dragón y una larga cola. Rahu se coló en el festival en el que los dioses bebían el licor sagrado, amrita, después de la agitación del océano. El sol y la luna informaron de su presencia a Vishnu, que lanzó uno de sus discos y decapitó a Rahu. Sin embargo, Rahu había bebido lo suficiente del amrita como para participar de la inmortalidad. Cuando su cabeza voló hacia los cielos, persiguió a la luna, devorando parte de su luz cada mes y, ocasionalmente, tragándose al sol en venganza por su espionaje. Así, se le asocia con el ciclo lunar y con los eclipses de sol y luna.

RÉMORA

Rémora es un nombre alternativo para el Echeneis, el gran pez del que se habla en Roma.

Sólo mide un pie de largo y cuatro pulgadas de grosor, pero se enrolla alrededor de una roca con su boca chupadora y se adhiere a los barcos con su cuerno. Se dice que la rémora fue la causa de la lentitud del buque insignia de Marco Antonio en la batalla de Actium, donde se supone que una de ellas se adhirió al barco para extraer el oro hundido del fondo del mar.

RIGI

En los mitos de la creación del pueblo nauru del Pacífico Sur, el gusano Rigi ayudó a Areop-Enap, la antigua araña, a crear la Tierra y los cielos, separando las conchas de los moluscos. Su esfuerzo fue tal que su sudor se convirtió en la sal del mar al abrirlas. En otras historias, Rigi era una mariposa que volaba entre la tierra y el mar para separarlos. El hijo de Areop-Enap era Areop-ItEonin (Joven Araña), que creó el fuego trayéndolo desde la morada del trueno y el rayo.

ROSHWALR

En el folclore noruego, el Roshwalr es un caballo-ballena, una enorme ballena con cabeza de caballo. Una cabeza cortada de un Roshwalr fue enviada al Papa León X en 1520 y dibujada por el naturalista Ambroise Paré. Ahora se sabe que el Roshwalr no era otra cosa que una morsa.

ROU SHOU

En la mitología china, Rou Shou es el dragón homólogo de Gou Mang. Juntos son los mensajeros del dios del cielo. Rou Shou está asociado a la dirección occidental y es el heraldo del otoño, al igual que Gou Mang anuncia la primavera en el este.

. . .

RUSALKI

Las Rusalki son las ninfas del agua de la mitología eslava. Viven en las aguas de los lagos y ríos y suelen tomar el sol en las rocas o en la rama de un árbol que sobresale. Las Rusalki se parecen a las mujeres humanas, excepto por su piel translúcida y las colas que a veces tienen. Tienen la capacidad de transformarse en criaturas acuáticas a voluntad, y también en caballos. Como ninfas de las estaciones, las Rusalki hilan el ciclo de cada estación. La tradición dice que son espíritus de muchachas ahogadas, como las Lorelei, pero al igual que las sirenas, cantan para atraer a los jóvenes con el fin de hacerlos entrar en el agua, momento en el que son arrastrados.

S

SABGARIFYA

En la tradición egipcia, los Sabgarifya son una forma de Hippocampus. Los sementales vienen a pastar a una determinada isla en una época del año y los criadores de caballos traen a sus yeguas en la temporada para que puedan aparearse con los Sabgarifya. Se cree que los potros son capaces de correr sin cansarse nunca porque se piensa que no tienen pulmones. En la tradición swahili, estos caballos se llaman Farasi Bahari.

SAEHRIMNIR

En la mitología nórdica, Saehrimnir era el jabalí que los Aesir y los guerreros del Valhalla asaban y comían cada noche. A la mañana siguiente volvía a estar en la pezuña, listo para ser cazado y cocinado de nuevo esa noche. El cerdo siempre renovado se encuentra también en el mito irlandés, donde la fiesta de Goibniu, el dios herrero, ofrece una oportunidad similar para que el guerrero digno se dé un festín perpetuo en las colinas huecas del bendito otro mundo. El nombre Saehrimnir puede derivar de seydir o "hueco para cocinar". Saehrimnir es cocinado, preparado y unido por Andhrimnir, el cocinero del Valhalla, en el gran caldero de hollín Eldhrimnir.

SA-YIN

Sa-Yin es un monstruo del lago que vive en la región del Gran Chaco, en el suroeste de Estados Unidos. Sa-Yin se parece bastante a un centauro, ya que es un hombre de pelo negro montado a caballo o es humano por encima de la cintura y como un caballo por debajo. Los Toba Pilaga le llaman "Maestro de los Peces".

SEDNA

. . .

En la leyenda inuit de la isla de Baffin, en el Círculo Polar Ártico, Sedna es la señora del inframundo que creó todos los peces y animales marinos. A veces, Sedna aparece bajo la forma de una foca.

SEGA

El Sega es un pequeño perico sagrado para la tradición samoana. Se originó como un coágulo de sangre que nació de Sinainofoa, que más tarde dio a luz a su hija Sinaaleia, que estaba casada con el rey de Fiyi. Éste vio el pájaro y le pidió a su mujer que lo cogiera, pero ella se negó diciendo que era su hermano, así que lo robó de todos modos.

SENMURV

El Senmurv es un monstruo alado que aparece en los mitos persas y mesopotámicos. Tiene la cabeza y las alas de un pájaro y el cuerpo de un perro. También puede verse con cabeza y patas de perro, cuerpo de pájaro o incluso con cabeza de perro, cuerpo de buey almizclero y alas de águila, con la capacidad de posarse como un murciélago. Vivía en el árbol soma del que derivan todas las plantas y árboles. Cuando el Senmurv volaba o se posaba en el árbol, su movimiento provocaba la caída de semillas del árbol soma, que caían a la Tierra para fructificarla. Estas semillas eran recogidas por el perro alado Chamrosh.

En una tradición persa posterior, el Senmurv y el Simurgh se fusionaron gradualmente en uno solo.

SERRA

En la tradición europea medieval, el Serra es un monstruo marino alado. Tiene cabeza de león, cuerpo y cola de pez y alas de murciélago. Se creía que perseguía a los barcos, aunque la mayoría de las veces se limitaba a plegar las alas y desaparecer de nuevo en las aguas. En los bestiarios anglosajones, se dice que el Serra simboliza a todos los que reniegan de sus buenas intenciones al distraerse con diversiones frívolas.

SHANG YUNG

Shang Yung es el fabuloso pájaro de la leyenda china. También llamado el Pájaro de la Lluvia, Shang Yung sólo tiene una pata. Se recurría a él piadosamente durante las sequías y aparecía para anunciar la estación de las lluvias.

Una historia cuenta que bajó volando y se posó en el brazo del Príncipe de Ch'I, que se asesoró con Confucio sobre cómo crear un sistema de desagües y canales. Con la ayuda de Shang Yung, la ciudad se salvó de una terrible sequía.

. . .

SHEN LUNG

Shen Lung es el dragón chino que traía las lluvias. Era un dragón de cinco dedos y piel multicolor. Llevar su imagen estaba prohibido para todos, excepto para el propio Emperador, tan sagrado era Shen Lung.

SIVUSHKO

En la leyenda rusa, Sivushko era el caballo mágico de Ilya Muromets. Podía saltar por encima de las montañas y dar zancadas que transportaban al jinete 33 millas a un paso.

SJOORM

En la leyenda noruega, Sjoorm era una serpiente marina que nació como serpiente en la tierra. A medida que las pequeñas serpientes crecían, también lo hacía su apetito hasta que apenas podían moverse por la tierra. La opción del agua les facilitaba los desplazamientos y la búsqueda de alimento, así que se sumergieron en el mar, donde siguieron creciendo. El Sjoorm es una forma de lombriz.

SKAHNOWA

Entre los indios Séneca del noreste de América, Skahnowa es una tortuga gigantesca que vive en los estanques y lagos donde vive Doonongaes, la serpiente cornuda. Skahnowa actúa como una especie de explorador y cazador de Doonongaes.

SKOGS FRU

En la tradición escandinava, Skogs Fru es la mujer del bosque salvaje que ronda el bosque.

Se acerca a las hogueras de los cazadores por la noche y trata de atraer a los jóvenes. Tiene una reputación y un perfil similares a los de ciertas ninfas o Rusalki, a las que hay que evitar en lugar de alentar.

SKOLL

Skoll (o "Burla") era el lobo que devorará al sol en el momento del Ragnarok, el fin del mundo, en la mitología nórdica. Contará con la ayuda de Hati, que persigue a la Luna del mismo modo.

SOLOVEI RAKHMATICH

. . .

En la leyenda rusa, Solovei Rakhmatich tenía cabeza y cuerpo de hombre y el resto era un ruiseñor. Vivía en un árbol que dominaba el paso entre Cheringov y Kiev, desde donde vigilaba a todos los que lo atravesaban, emitiendo su penetrante silbido antes de abalanzarse sobre ellos y robarles. Fue el héroe Ilya Muromets quien abatió a Solovei Rakhmatich y lo llevó en una jaula a la ciudad de Kiev, donde el príncipe Vladimir ordenó decapitarlo.

SONARGOLTR

En la mitología nórdica, Sonargoltr (jabalí sacrificado) es el nombre que recibe el cerdo que se selecciona en la noche de Yule. Los participantes en la ceremonia ponían las manos sobre el lomo del jabalí mientras hacían un juramento.

Luego se sacrificaba el Sonargoltr en un sonarblot (sacrificio de sangre) para asegurar una buena cosecha. Las sacudidas y las entrañas de la bestia también servían de oráculo para el año que se avecinaba. Los jabalíes designados como Sonargoltr se dedicaban al dios Freyr.

SPHINX

Para los egipcios, las estatuas que representaban a reyes o dioses con sus homólogos animales en un solo ser se llamaban shesep-ankh ("estatuas vivientes"); esta palabra se transmitió a través del griego como "esfinge". Las esfinges con cabezas o cuerpos de animales diferentes se disponían a menudo en filas dobles a lo largo de los accesos a los templos como guardianes, especialmente las esfinges con cabeza de carnero que bordean el camino al templo de Amón en Karnak. La Esfinge egipcia o Androsphinx, conocida por la Gran Esfinge de Giza, cerca de la pirámide de Keops, representa probablemente a Harmachus u Horus del Horizonte, con su cabeza de hombre envuelta en un nemyss (tocado) y su cuerpo leonino. Con más de 60 metros de longitud, tiene una estela entre sus patas que cuenta cómo el príncipe Tutmosis estaba un día de caza cuando se quedó dormido a su sombra. La Esfinge le profetizó que tendría el trono de Egipto si prometía limpiar la arena de la Esfinge casi enterrada en el desierto. Tuthmosis se convirtió en el cuarto faraón de ese nombre, reinando entre 1425-17 a.C. Ha transcurrido tanto tiempo desde entonces que nos recuerda el dicho árabe: "El mundo teme al tiempo, pero el tiempo teme a las pirámides".

SSU LING

En la mitología china, los Ssu Ling son las cuatro criaturas espirituales que se sitúan en cada punto de la brújula. El Ki-Lin o Unicornio Chino, con su cuerpo de ciervo, cola de buey, pezuñas de caballo y un solo cuerno, está en el Oeste. En el Sur está el Fénix. En el Norte está Gui Xian, la tortuga, mientras que en el Este está el Lung o dragón.

STVKWVNAYA

En los mitos de los indios seminolas de Norteamérica, la Stvkwvnaya es una serpiente con un largo cuerno que vive en las aguas profundas. Si quieres hacer un poderoso afrodisíaco, debes convocar a la Stvkwvnaya desde las profundidades cantándole; cuando esté encantada con tu canto, entonces podrás cortar parte de su cuerno para crear tu afrodisíaco.

SUCCUBUS

En la tradición clerical medieval, un súcubo es un espíritu femenino que se acerca a los hombres por la noche y se acuesta con ellos. Se suponía que el súcubo era la causa de los sueños húmedos y a veces se asociaba con la pesadilla nocturna.

SUGHMAIRE

El "chupador de mar" irlandés parece ser una forma del Muirselche. Fue convocado por el héroe Fionn Mac Cumhail para secar un lago que necesitaba ser drenado.

. . .

Trajo a las Sughmaire desde la tierra de la India, junto con druidas de Alemania y guerreras de Gran Bretaña y Francia. La leyenda irlandesa dice que hay nueve Sughmaire en todo el mundo, que hicieron que las corrientes fluyeran y refluyeran en cada puerto.

SUHUR-MASU

Suhur-Masu es el pez-cabra sumerio que tiene cabeza y cuerpo de carnero y cola de pez.

Las primeras formulaciones de la astrología se encontraron en la antigua Caldea, donde los cielos estaban continuamente despejados por la noche. Los caldeos codificaron los prototipos de las figuras zodiacales occidentales, pero Suhur-Masu es uno de los animales zodiacales que apenas ha cambiado, pues sigue siendo identificable como la constelación de Capricornio, el pez-cabra, desde los primeros tiempos.

SUN HOU-ZI

En el mito chino, Sun Hou-Zi es el mono divino que nació de un huevo impregnado por el viento. Este extraordinario nacimiento le dotó de poderes mágicos y de un rápido ingenio para poder engañar a los dioses.

De ellos obtuvo el melocotón de la inmortalidad. También se le llama Sun Wu-Kung.

SYLPH

En la tradición mágica europea, una sílfide es un espíritu elemental del aire. El nombre fue utilizado por primera vez por el metafísico suizo Paracelso a principios del siglo XVI, derivado del latín silva (madera) y del griego nymphe (ninfa).

La líder de las sílfides, a la que se invoca en los trabajos mágicos en los que se requiere la cooperación de los vientos, se llama Paralda. El ballet del siglo XIX Les Sylphides representa a los espíritus de las jóvenes que rondan los cementerios: en realidad son más parecidas a Vili que a las sílfides, aunque ambos tipos de espíritus están asociados con el aire.

T

TAADLAT GHAADALA

En los mitos Haida de la costa noroccidental del Pacífico de América, Taadlat Ghaadala, la golondrina, tiene una competencia con Kkuuxuginaagits ("Vieja Marta").

Corren una carrera desde las profundidades de la Tierra hasta el vértice del cielo, creando un vínculo entre ambos. Esta trayectoria mítica de la carrera de Taadlat Ghaadala con su oponente está asociada a un tótem primigenio que se entiende tanto para provocar como para medir los terremotos.

TANGGHWAN LLAANA

Entre los pueblos Haida de la costa noroeste del Pacífico de América, Tangghwan Llaana es el "Morador del Mar", que es el dios de la riqueza. Tiene un gran cuerpo amorfo y dos ojos alargados con doble pupila. Vive en el fondo del mar en una casa de gran belleza, rodeado de focas que son sus mensajeros espirituales.

T'AO TIEH

La característica más notable de esta criatura, que se encuentra en las tradiciones de China, es su enorme cabeza, su boca cavernosa y sus hileras de dientes en forma de daga.

No es de extrañar que su nombre pueda traducirse como "Glotón", y su apetito es legendario. Puede adoptar diferentes formas, entre ellas la de un ser humano y la de un tigre, pero la criatura que representa la cabeza también dicta el cuerpo que tiene debajo. Así, un T'ao Tieh con cabeza de animal tiene las partes delanteras de ese animal; pero en cada caso tiene dos partes traseras y dos estómagos.

A veces se pinta en el interior de los platos para advertir a los comensales de los efectos de los excesos.

TECUMBALAM

Este pájaro maya fue el que rompió los huesos y los músculos de los primeros hombres que fueron destruidos cuando el dios Hurakan visitó su ira sobre el mundo. Fue uno de los cuatro grandes seres alados que atacaron los cuerpos de madera creados por Gucumatz y Tepeu que estaban destinados a convertirse en los primeros humanos vivos. Cada uno de ellos atacó una parte diferente del cuerpo para evitar la contaminación del mundo primordial.

Los otros eran Camazotl, Cotzbalam y Xecotcovach.

TENGU

En la mitología japonesa, los Tengu son una raza de monstruos con cuerpo humano, ojos brillantes, afilados picos rojos y alas de pájaro.

Las hembras de los tengu son ligeramente diferentes, ya que se las representa con forma humana pero con una cabeza de animal con enormes colmillos y enormes orejas y narices. Hay varios tipos de Tengu, entre ellos los Karasa y los Konoha. Todas estas criaturas son extremadamente agresivas, y muy hábiles en las artes marciales. Viven en una fortaleza en los oscuros bosques del Monte Kurama, cerca de Kioto, y en el pasado los guerreros viajaban con la esperanza de encontrarse con un Tengu y aprender sus habilidades. Sin embargo, cualquier viajero que se atreva a ir al hogar de una de estas criaturas de naturaleza maligna es más probable que se vuelva loco de miedo. Uno de los Tengu más conocidos es el Hombre-Pájaro, generalmente representado como humanoide pero con la cabeza de un gallo, completa con barbas y peine, pero con orejas humanas. Tiene largas alas atenuadas a las que se unen las manos humanas.

TIKBALANG

Esta criatura, procedente de la mitología filipina, se describe con el cuerpo y la cabeza de un caballo negro o marrón y la parte inferior del cuerpo de un humano. El Tikbalang se aprovecha de los viajeros humanos, confundiéndolos para que, por mucho que caminen, no puedan escapar de él. Las personas que desean romper su hechizo se ponen la camisa al revés, o de vez en cuando piden permiso en voz alta para pasar por allí, teniendo cuidado de caminar en silencio para no molestar al Tikbalang.

Algunas tradiciones sugieren que el Tikbalang también puede transformarse en un ser humano y, lo que es aún más aterrador, en alguien conocido por su víctima. Lleva a sus víctimas al bosque, donde a menudo se pierden y nunca más se les vuelve a ver.

TISIPHONE

Una de las Euménides (Furias) de la tradición grecorromana. Tisífone, cuyo nombre significa "represalia", era la vengadora de los asesinatos. Se sentaba por la noche a la entrada del infierno armada con un látigo con el que infligía crueles castigos a los criminales. Llevaba una túnica ensangrentada y tenía serpientes en lugar de pelo.

TIUH TIUH

En la mitología y las creencias del pueblo cakchiquel de Guatemala, América Central, Tiuh Tiuh es un halcón responsable de la creación de los primeros humanos.

Tiuh Tiuh mató a un coyote y mezcló su sangre con la de un tapir y una serpiente, amasándolas con harina de maíz molido. Se dice que creó trece hombres y catorce mujeres que se unieron y multiplicaron. Luego se separaron en siete tribus.

Los guerreros de estas tribus partieron bajo el mando de Tiuh Tiuh y pronto llegaron a la costa. Sin embargo, se vieron incapaces de cruzar el mar. Los dos guerreros más ancianos se durmieron en la orilla del mar y se ahogaron, pero el resto sobrevivió porque tenían en su poder un bastón rojo que habían traído consigo del Lugar del Sol. Los demás guerreros golpearon el mar con él, haciendo que las aguas se dividieran y pudieran cruzar hasta la oril a más lejana caminando por el lecho marino.

TLATECHTLI

En la mitología azteca del antiguo México, Tlatechtli es una rana gigantesca cuya boca cavernosa representa la entrada a la Tierra de los Muertos. A menudo acompañaba a la diosa serpiente Coatlicue.

TOTOIMA

En la mitología de Papúa Nueva Guinea, el Totoima es un jabalí monstruoso similar al Twrch Twrth occidental y al jabalí calidonio grecorromano.

En las historias del pueblo Orokaiva, el Totoima toma una esposa humana, apareciendo ante ella por la noche como un macho humano.

Durante el día, sin embargo, se convertía de nuevo en un monstruo, y cada vez que el a daba a luz a un niño, él lo buscaba y lo destruía.

Con el tiempo, la mujer dio a luz a gemelos y esta vez consiguió esconder a uno de los dos, una niña, mientras que el niño fue devorado. Con la ayuda de un chamán local, la mujer alcanzó al Totoima durante el día, y el chamán revivió al niño en su interior, que al instante creció hasta convertirse en adulto y salió por el lado del Totoima. La madre dio entonces permiso al chamán para casarse con su hija, y en el banquete que siguió el cuerpo del Totoima fue dividido y comido. Hasta hoy, en Papúa Nueva Guinea, cada vez que se consume un cerdo se vuelve a contar esta historia.

TROLL / TROL

El nombre "troll" significa simplemente monstruo en nórdico antiguo, y estos seres son ciertamente monstruosos en las diversas formas en que se encuentran a lo largo de la mitología escandinava. A veces pueden describirse como gigantes hostiles, aunque en la literatura de la Edad Media aparecen más a menudo como demonios que a veces son responsables de la magia negra. En los textos islandeses medievales posteriores y en el folclore escandinavo occidental, los trolls desempeñan un papel más importante que los gigantes.

Se les describe como más grandes que las personas pero extraordinariamente feos. Viven en cuevas de montaña y se aprovechan de los humanos. En el folclore sueco y danés, en particular, "troll" es un nombre que se utiliza para referirse a una especie de brownie. De hecho, casi no hay acuerdo en cuanto a su aspecto, de modo que en Dinamarca los trolls son más bien ogros con jorobas en la espalda y narices extremadamente grandes. En Noruega, los trolls se describen como ogros peludos y maliciosos, aunque las hembras de la especie pueden parecer hermosas, con una larga cabellera roja. Se dice que viven en madrigueras bajo las colinas, llenas de tesoros.

TSEMAUS

En el folclore de los nativos de la Columbia Británica, esta criatura es un gigantesco monstruo pez que posee una enorme aleta dorsal tan afilada que puede cortar fácilmente a un humano en dos si se encuentra con él en el agua. Se dice que habita en las aguas del estuario del río Skeena.

TUMI-RA'I-FUENA

En las tradiciones del pueblo tahitiano, el Tumi-Ra'I-Fuena se describe como un enorme pulpo de piel manchada.

· · ·

Esta criatura no es un monstruo marino ordinario, sino que tiene tentáculos que llegan a todas las partes de la Tierra y del cielo, y tal vez incluso las sujetan. El dios Rua trató de hacer que el Tumi-Ra'I-Fuena liberara su dominio sobre el mundo, pero fue en vano.

TUMUITEARTOKA

El rey de los tiburones en la mitología maorí y polinesia. Se cuentan historias de los encuentros de Tumuiteartoka con los seres humanos, incluido el héroe Ngaru (Ola), que desafió al Rey Tiburón a correr en una tabla de surf que acababa de inventar.

TURUL

Ave mitológica de gran importancia simbólica para el pueblo húngaro. Se dice que representa el poder y la voluntad de Dios y se le reconoce como antepasado de Atila el Huno. Se pueden encontrar representaciones del Turul en muchos lugares diferentes, a menudo representado como portador de una espada en llamas. Una leyenda cuenta la historia de la esposa del héroe Ugyek, descendiente de Atila, que tuvo un sueño en el que aparecía Turul. En este sueño, un arroyo cristalino brotaba de su interior y, al fluir hacia el oeste, se convertía en un poderoso río.

. . .

Se decía que este sueño representaba una impregnación simbólica de la mujer por el Turul, y que indicaba que daría a luz a una línea de grandes reyes.

TIFÓN

En la mitología grecorromana, Tifón es un monstruoso adversario de Zeus. Tenía cien cabezas de serpiente, cada una de ellas con ojos que despedían fuego, y serpientes por brazos. Tifón era el último vástago de Tártaro y Gea, creado para que pudiera atacar y destruir la fortaleza olímpica. Zeus utilizó una hoz de adamantina para herir a Tifón, pero él mismo fue vencido, se le cortaron los tendones y tanto él como sus tendones fueron depositados en la cueva de Corycian. Hermes y Agipán robaron los tendones y se los devolvieron a Zeus. Después de esto, las Parcas (Moirae) emborracharon a Tifón y Zeus lo condujo al inframundo bajo el monte Etna, desde donde sigue siendo la fuente de los huracanes (es el origen de la palabra tifón) y ocasionalmente provoca la erupción de la montaña.

U

UCCAIHSHRAVAS

. . .

Uccaihshravas o "Loud Neigh" es el caballo blanco del dios hindú Indra. Fue creado cuando los dioses agitaron el océano de leche sobre el lomo de la tortuga Kurma junto con otros muchos seres maravillosos.

UGALLU

El Ugallu era el demonio babilónico conocido como la "Criatura del Gran Tiempo". Aparece como un hombre con cabeza de león, orejas de burro y patas de pájaro, con una mano levantada para golpear con una daga y la otra sosteniendo una maza. Lleva una falda corta con flecos y una cola de león rizada. El Ugallu actuaba como espíritu protector contra los demonios y las enfermedades, y se han encontrado estatuillas de Ugallu de arcilla en los cimientos de las casas.

UGRASURA

En la tradición hindú, Ugrasura es una serpiente que pertenece a los asuras (no dioses) que están continuamente en guerra con los dioses. Cuando el dios Krishna era todavía joven, Ugrasura se lo tragó entero en un intento de desviar los poderes del dios para que no madurara del todo. Mientras estaba dentro de Ugrasura, Krishna experimentó un rápido crecimiento, llegando a ser completamente adulto.

. . .

Ugrasura estalló en pedazos y Krishna escapó.

UNCEGILA

Entre los indios sioux de Norteamérica, Uncegila es una gran serpiente femenina que vivía en los océanos. Cubierta de escamas de pedernal y con un corazón de cristal de roca, nadaba anualmente en el río Nebraska provocando marejadas tan turbulentas que las aguas se enturbiaban y no eran aptas para beber.

Dos jóvenes cazadores decidieron vencer a la serpiente Uncegila y para ello averiguaron dónde era más vulnerable.

Cuando se enfrentaron a él, Uncegila se encabritó y amenazó con apresarlos, pero los jóvenes cazadores habían aprendido un hechizo de su curandero y mientras uno lo recitaba, el otro le disparó a través de la séptima articulación del cuello. El sol lo secó todo inmediatamente e hizo que la tierra se secara donde antes estaba anegada.

Los cazadores extrajeron de la criatura el corazón de cristal que tenía la capacidad de inculcar el poder de la profecía hasta el momento en que los pueblos no iniciados lo despojaron cuando este poder se perdió.

. . .

UNDINE

En la tradición mágica europea, una ondina es un espíritu elemental del agua. El nombre fue utilizado por primera vez por el metafísico suizo Paracelsus a principios del siglo XVI, derivado del latín undas ("ola"). Las ondinas se invocan en trabajos mágicos que requieren la cooperación de las aguas. El líder de las ondinas se llama Necksa.

UNICORNIO

El poder del unicornio reside en su singularidad. A pesar de las variaciones en la mitología relacionada con esta criatura tan elusiva y notable, un aspecto persistente de la tradición del unicornio es que sólo hay uno de ellos. Esto se suma a la mística que siempre ha rodeado a esta extraordinaria bestia y la convierte en objeto de una apasionada búsqueda por parte de generaciones de místicos, que ven en ella un símbolo universal de los mayores premios: la iluminación y la transformación espiritual.

URUS

En los bestiarios de la Europa medieval, el Urus era descrito como un enorme toro con cuernos de dientes de sierra que utilizaba para talar árboles.

La única manera de capturar un Urus era esperar a que bebiera accidentalmente agua de mar, lo que extrañamente lo desorientaba de manera que se confundía, clavando los cuernos en el suelo o bien enredándose en los árboles que intentaba derribar. Este extraordinario mito puede apuntar a los extintos uros que ya estaban en la lista de especies en peligro de extinción cuando comenzó la agricultura y la tala y quema de los bosques.

UTIU

En la tradición maya, Utiu el Coyote fue uno de los cuatro animales que ayudaron a llevar el maíz a los dioses para que pudieran formar la humanidad. Las otras criaturas que ayudaron en esta creación fueron Hoh el cuervo, Quel el loro y Yac el gato del bosque.

UTUKKU

En la mitología asiria, se creía que los Utukku eran las almas vampíricas de los muertos o bien espíritus malignos que habían emanado de la bilis del dios Ea. Los Utukku eran hombres con cabeza de animal, garras y cuernos. Vivían en cavernas, acantilados y ruinas.

. . .

Los arqueólogos han encontrado muchos hechizos contra el efecto de estos vampiros, apelando a los siete demonios de los que el Utukku es una forma.

UWARBAMI

En la mitología japonesa, Uwarbami es la gran serpiente con alas a la que le gustaba abalanzarse sobre personas desprevenidas y llevárselas. Finalmente fue asesinada por el héroe Yegare-no-Heida.

V

VALAHA

En la creencia budista tibetana, Valaha es el gigantesco rey caballo que vuela por los aires.

Era la forma que adoptaba el boddisattva gracioso, Chenresi o Avalokiteshvara (el ser divino del que se cree que se reencarna en la forma del actual Dalai Lama). En "El espejo del linaje real" se relata cómo Chenresi adoptó la forma de Valaha para dar ejemplo de cómo rechazar las malas acciones y seguir la virtud.

. . .

VALKYRIE / VALQUIRIA

En la mitología nórdica, las valquirias son los seres femeninos que se llevan las almas de los guerreros muertos en la batalla. Su nombre deriva del nórdico antiguo valor "campo de batalla" y kjosa "elegir". Esta implacable hermandad de nueve mujeres cabalga por el aire sobre los campos de batalla para traer de vuelta a los guerreros más aptos para entrar en el paraíso de los guerreros, el Valhalla.

Eran cercanas a Odín y a veces se las llamaba Odins meyar (doncellas de Odín) u Oskmeyjar (cumplidoras de deseos de Odín). El número de valquirias varía según las sucesivas capas de su mito; se atestiguan unas 36, de las cuales 13 doncellas con nombre sirven a los einherjar (los guerreros del Valhalla): Hrist (Agitador), Mist (Nube), Skeggjold (Hacha-Edad), Hildr (Batalla), Thrudr (Mujer-Poder), Hlokk (Ruido de Batalla), Herfjotur (Ejército-Forzado), Goll (Grito de Batalla), Geirolul (Lanza-Destrucción), Randgridr (Destructor de Escudos), Radgridr (Jefa) y Reginlefir (Hija de Dios). En mitos posteriores, también interfieren en el curso de las batallas y determinan el resultado. Algunas se enamoran de los mortales, como la valquiria Sigrdrifa (incitadora a la batalla), más conocida por el nombre de Brynhilde (o Brunilde). En las óperas del Ciclo del Anillo de Richard Wagner, que se basan en la saga de los Volsungos y no tanto en los primeros textos mitológicos, aparece como la hija de Erda y Wotan expulsada del Valhalla.

. . .

VAMANA

En la creencia hindú, Vamana es el enano que es uno de los avatares (manifestaciones) del dios preservador Vishnu. Cuando Bali, rey de los asuras (no dioses o genios) obtuvo el dominio de los tres mundos mediante prácticas ascéticas, los dioses se vieron privados de su morada y dejaron de recibir los humos del sacrificio. Acudieron a Vishnu en busca de ayuda y así el dios preservador nació del sabio Kasyapa (Visión) y su consorte Aditi (Vastos Primordiales). Nació como Vamana, un enano sacerdote que se dirigió al rey asura Bali con una petición. "Dame tanta tierra como pueda cubrir con tres pasos", le rogó. Bali accedió amablemente a esta petición, pero pronto se sintió abatido cuando Vamana abarcó primero el mundo primitivo, luego los cielos y, en tercer lugar, al no quedar espacio, pisó la cabeza de Bali y lo empujó al mundo inferior, donde tuvo que reconocer su derrota. Sin embargo, como Bali había logrado la virtud con sus esfuerzos, Vishnu le concedió el dominio del mundo inferior.

VELUE

En el folclore francés, el Velue es una bestia peluda conocida también como Peluda. Tiene un pelaje verde con largas ventosas tentacloides que salen de su piel y que pican a todo lo que ataca. También tiene unos pies enormes, una larga cola y una cabeza de serpiente.

Se cree que sobrevivió al Diluvio y que, a modo de dragón, asoló la tierra quemándola con su aliento y comiendo el ganado. Cuando los hombres salían a cazarlo, se sumergía en el río Huisine y provocaba una inundación propia. Cuando robó a una hermosa joven que iba a casarse, su amado lo persiguió y le cortó la cola, su parte más vulnerable. El Velue murió como resultado de este rescate.

VEO

En los informes criptozoológicos de la isla de Rintja, en el archipiélago de Micronesia, el Veo es una criatura del tamaño de un caballo, con grandes garras y una cabeza larga. Su cuerpo está cubierto de escamas superpuestas.

Sólo aparece por la noche, cuando se alimenta de termitas y hormigas. Aparte de su tamaño, el Veo se parece mucho a un pangolín, salvo que el antiguo pangolín de 2 metros (Manis paleojavanicus), que vivía en las islas cercanas de Java y Borneo, se extinguió hace milenios.

VIDDOFNIR

En la mitología nórdica, Viddofnir ("El que grita lejos") es el gallo que se sienta en las ramas del árbol Mimameidr en la casa de Menglod.

Menglod es una doncella que vive rodeada por un muro de fuego, una pared de arcilla y está custodiada por el gigante Fjosidr y dos feroces perros guardianes. La carne de este gallo es lo único que puede calmar a estos perros, lo que ocurre cuando el dios Svipdagr viene a cortejar a Menglod. Este mito tiene alusiones cosmológicas, ya que Svipdagr significa "El día que amanece de repente" y la presencia de un gallo en esta historia sugiere que el largo cortejo y el hallazgo de Menglod tiene que ver con el poder del día que supera una larga oscuridad.

VIDYESVARAS

Los Vidyesvaras son los maestros del conocimiento creados por Shiva en la creencia hindú.

Adoptan la apariencia de espíritus del bosque, sátiros, ninfas, hadas y ángeles guardianes.

Están presididos por Pasupati, el Señor de los Animales, que actúa como pastor y guardián de todos los seres vivos, al igual que Pan en la mitología griega. Los habitantes de los bosques silvestres son también claros videntes de todo lo que pasa.

No se les suele ver porque, como Quirón, no necesitan mostrar sus conocimientos a los demás. Sin embargo, aquellos que decidan buscarlos descubrirán a los sabios maestros en las Vidyesvaras.

VISHAP

En el folclore armenio, Vishap era el dragón que vivía en las cumbres del monte Ararat. La leyenda que rodeaba al dragón hizo que muchos guerreros hicieran el intento, no por la gloria de someterlo o matarlo, sino únicamente para obtener el don que Vishap podría transmitirles de forma única. Se decía que la sangre de Vishap era tan venenosa que cualquier arma que entrara en contacto con ella se impregnaría de su veneno, haciendo que todos los golpes subsiguientes con esa arma fueran completamente mortales para quien fuera herido por ella.

VITHAFNIR

En el mito escandinavo, Vithafnir es el gran gallo de oro que se sienta en la cima del árbol del mundo Yggdrasil. Advierte a los dioses de cualquier cosa que pueda dañar los mundos de la creación. También se le conoce como Gollinkambi.

VODIANOI

En la tradición popular rusa, Vodianoi de Vodnik es una criatura muy extraña, que aparece en muchas formas.

Vodianoi es visto de diversas formas: como un anciano de rostro azul, barba blanca y pelo verde; como un tronco flotante cubierto de musgo; como un anciano escamoso o peludo con patas, ojos brillantes, cuernos y cola; o como un pez gigante y feo.

Dependiendo de las fases de la luna, Vodianoi aparecía más joven o más viejo. Vivía en aguas profundas y a menudo intentaba atraer a la gente para que se reuniera con él allí.

Todos los seres estaban expuestos a sus atenciones, excepto aquellos cuyas ocupaciones tenían que ver con el agua, como los pescadores y los molineros, que se encargaban de propiciarle con un gallo. Vodianoi estaba especialmente ocupado en el molino y se acercaba a la rueda del molino con la esperanza de que alguien se deslizara en las aguas.

VRITRA

En la tradición hindú, Vritra es una serpiente dragón con tres cabezas que rodea el mundo entero. Al ser una criatura que trae la sequía, Vritra está continuamente en guerra con el dios de la lluvia Indra.

Vishnu trató de lograr una tregua entre ellos prometiendo que ninguno de los dos debería atacar al otro con hierro, piedra o madera que estuviera húmeda o seca de noche o de día. Este contrato duró hasta que Indra divisó a Vritra una tarde en el crepúsculo, cuando no era ni noche ni día. Entrando en la espuma de la orilla del agua, Indra compuso un arma que no era ni húmeda ni seca siendo una lanza de rayo formada por el herrero divino Tvastra de los huesos del vidente Dadhici. Con ella decapitó a Vritra y liberó el ganado de las nubes o las lluvias que Vritra había atrapado en la montaña. (Ver Ahi)

VULPANGUE

En la tradición andina, Vulpangue es una gran serpiente que tiene cabeza de zorro. Otros informes afirman que su forma es más parecida a la del Cuero, siendo un cuerpo plano con ojos en todos los lados que flota en el agua. Quien intente bañarse o cruzar las aguas donde acecha el Vulpangue, es poco probable que vuelva a salir.

VU-MURT

Finlandia es una tierra de mil lagos y, en la leyenda, Vu-Murt es el espíritu que los habita, el Hombre del Agua.

. . .

Desnudo y con una larga cabellera negra, puede ser visto peinándose junto a la orilla del agua por aquellas mujeres que se aventuran a acercarse cuando él está fuera del agua, pero para los hombres que están cerca puede aparecer en forma de mujer.

No se considera un buen augurio verlo. Sin embargo, los pescadores, molineros y otras personas cuyo sustento depende del agua, le ofrecen sacrificios. Los pueblos votjak lo veneraban para recibir su favor en forma de lluvia, evitar enfermedades y asegurar la fertilidad de personas y animales.

W

WAKANDAGI

En los relatos de los pueblos omaha y mohawk de Norteamérica, Wakandagi es una serpiente acuática con cuernos de ciervo en la cabeza y pezuñas en los pies. Vive en las aguas del río Missouri y de los lagos circundantes.

Normalmente sólo se ve a través de la niebla, el Wakandagi es tímido y difícil de ver. Es celoso de sus aguas y lanza bolas de agua en suspensión contra cualquiera que se aventure en su territorio.

Estas bolas de agua tienen que ser devueltas o, de lo contrario, estallan repentinamente, inundando barcos y canoas.

WENDIGO

En la leyenda norteamericana, el Wendigo es un monstruo que adopta diferentes formas, según la localidad en la que se recojan estas leyendas. Entre los pueblos de Canadá, en torno al lago Berens, cerca de Ontario, el Wendigo es un monstruo anfibio parecido a un caimán con patas de oso o pezuñas hendidas. Entre los ojibway, el Wendigo o Windigo es conocido como un ogro, al que se invoca para asegurar el comportamiento obediente de los niños. Pero entre los indios alconquinos es el espíritu de un cazador perdido que ahora se aprovecha de los humanos de forma caníbal. Esta última forma es quizás más conocida debido a las leyendas urbanas que han dado a conocer al Wendigo, como el relato El Wendigo del escritor de terror Algernon Blackwood.

WHIST

Los Whist o Wish Hounds son sabuesos espectrales que recorren el suroeste de Inglaterra, especialmente en Dartmoor y Cornualles.

. . .

Son una forma de caza salvaje, dirigida por el diablo, según dice el folclore, pero el líder de la caza y jefe de los sabuesos es nada menos que Sir Francis Drake, el primer circunnavegador del globo. Se dice que encabeza una procesión fantasma de sabuesos sin cabeza que precede al coche fúnebre de los muertos.

WOKULO

En el folclore de Malí, en África, el Wokulo es un enano de un metro de altura. Se dice que los Wokulu tienen cabezas grandes con abundante pelo, como los Gruagach escoceses, aunque es difícil saber cómo se sabe esto, ¡ya que los Wokulo son invisibles! Además de su invisibilidad, los Wokulo pueden ver a través de las paredes y los árboles, lo que les hace estar superalertas a los peligros. Les gusta robar comida. A pesar de su diminuto tamaño, los Wokulos son lo suficientemente fuertes como para lanzar a un hombre en combates de lucha. No es fácil seguirles la pista.

WOLLUNQUA

Entre los pueblos warramunga de Australia, Wollunqua era uno de los nombres de la serpiente arco iris. La criatura era tan larga que la serpiente era capaz de recorrer muchos kilómetros mientras su cola seguía en su agujero.

· · ·

WOLPERTINGER

El wolpertinger parece ser un equivalente alemán del jackalope americano, un animal que vive en los bosques de Baviera. Tiene un cuerpo de mamífero pequeño, pero luce alas, cuernos y colmillos, por lo que se parece un poco a un conejo con cuernos o a una ardilla.

Los fabricantes de souvenirs turísticos se especializan en la fabricación de Wolpertingers como animales disecados, para ayudar a impulsar el turismo en aquellas zonas de Baviera donde la gente le contará historias de muchos avistamientos.

WUCHOWSEN

Entre los indios Maliseet-Passamaquoddy de Maine, en Norteamérica, Wuchowsen es un pájaro gigante que vive sobre una roca en el punto más septentrional del mundo. Cuando sus plumas se mueven, los vientos se dirigen al resto del mundo. Glooscap era el héroe cultural que ayudaba a moderar los movimientos de Wuchowsen.

WYVERN

. . .

En la tradición y la leyenda heráldica europeas, el wyvern es una bestia con cabeza de dragón, cuerpo de serpiente, alas de murciélago y dos patas delanteras, y cola de serpiente terminada en punta de dardo. El wyvern se asocia con la peste, la guerra, la envidia y el rencor, aunque también puede utilizar estas cualidades para proteger a aquellos que tienen al wyvern como emblema heráldico de sucumbir a estas cualidades.

X

XANTHOS

En la mitología griega, Xanthos es un caballo que, junto con su hermano Balios, es hijo de Podarge, una de las arpías, y de Eolo, dios de los vientos. Xanthos y Balios fueron entregados a Poseidón para que arrastrara su carro por los cielos.

Más tarde, este equipo de carros apareció para arrastrar el carro de Aquiles cuando luchaba en las guerras de Troya.

Fue detrás de este carro que el príncipe troyano Héctor fue arrastrado en la victoria por el victorioso Aquiles. Cuando el primo de Aquiles, Patroclo, fue asesinado, Aquiles se lamentó y culpó a Xanthos y a Balios, quienes, según él, podrían haberlo salvado.

Pero Xanthos dijo que Aquiles no debía cuestionar así a los dioses y profetizó que el propio héroe sería asesinado por un dios.

A continuación, Apolo guió el arco de Paris para disparar a Aquiles en su vulnerable talón. Entonces los Erinyes hicieron enmudecer a Xanthos para que no pudiera pronunciar más profecías.

XECOTCOVACH

El pájaro maya que arrancó los ojos a los primeros hombres, que fueron destruidos en el diluvio enviado por el dios Hurakán. Fue uno de los cuatro grandes seres alados que atacaron los cuerpos de madera creados por Gucumatz y Tepeu que estaban destinados a convertirse en los primeros humanos vivos. Cada uno de ellos atacó una parte diferente del cuerpo para evitar la contaminación del mundo primordial. Los otros eran Camazotz, Tecumbalam y Coztbalam.

XIANG YAO

En el folclore chino, Xiang Yao es un monstruo con nueve cabezas humanas y cuerpo de serpiente. Va en compañía de un dragón negro llamado Gong-Gong. Sus excrementos ensucian los cursos de agua convirtiéndolos en pantanos apestosos.

XOLOTL

En la mitología azteca, Xolotl es el perro del inframundo.

Cuando el sol dejó de moverse, fue Xolotl quien sacrificó a los dioses -con la intención de sacrificarse también-para ayudar al sol a reanudar su ciclo. Sin embargo, Xolotl no cumplió su parte del acuerdo y se transformó en una planta de maíz irregular o mutante de dos tallos. En esta negativa a aceptar la muerte, es como el Coyote. Xolotl se transformó entonces de planta de maíz en el cactus maguay Mexolotl y, finalmente, en la larva Azolotl antes de que se le obligara a someterse a su contrato.

Y

YAKSHA

Los Yakshas son espíritus del bosque en la creencia hindú.

. . .

La palabra significa "misteriosos". Adoptan la forma de feos enanos negros con barrigas. El jefe de los Yakshas es Kubera.

Los Yakshas son espíritus protectores que pueden adoptar la forma que deseen, a menudo apareciendo como árboles ordinarios. Protegen tanto los palacios como las casas, y la gente los llamaba Punyajana ("gente amistosa"). Son los protectores de los tesoros de la tierra, del mismo modo que se dice que el enano europeo guarda las gemas preciosas y el tesoro de oro.

YALE

En la leyenda europea, el Yale, que también recibe los nombres de Centicore y Eale y está emparentado con el Yali, se describe como una bestia del tamaño de un caballo, con cuerpo de cabra, cola y colmillos de jabalí, y con manchas multicolores por toda su piel.

Pero también se dice que tiene la cabeza de una cabra, la cola de un elefante y los pies de un unicornio. Sus cuernos pueden moverse en sus órbitas para defenderse de los ataques por delante o por detrás. Puede derivar del Yali y de la palabra hebrea ya-el (cabra). En heráldica, el Yale es una de las bestias de la reina.

• • •

YALI

Plinio el Viejo menciona al Yali como procedente de Oriente Medio y la India, pues ciertamente muestra una relación directa con el Yale europeo, que puede derivar de él. En la leyenda hindú y budista, esta bestia con cuerpo de león y colmillos de elefante es la que más se encuentra actualmente en los pilares de apoyo de los templos hindúes.

Sin embargo, se encuentran diferentes tipos de Yali con cabeza de león (simha-vyala), de caballo (ashvavyala) de perro (shvana-vyala) y de hombre (nir-vyala). Esta gran diversidad nos recuerda que el Yali está relacionado con las esfinges de Egipto y Mesopotamia, que se encuentran a un corto viaje por mar de la India. Los Yalis simbolizan los poderes del chakravartin ("emperador del mundo"). La palabra Yali o Yalli deriva del sánscrito vyala ('monstruo feroz').

YANN-AN-OED

En la tradición bretona, Yann-an-oed (o Yannig) es un monstruo marino que nada frente a la costa en las horas de oscuridad para encontrar una presa. Emite el grito de un búho.

. . .

Aquellos que tienen la tentación de responder delatan inmediatamente su ubicación al Yann-an-Oed, que se acercará sigilosamente y los devorará. Durante las horas de luz, vive en las profundidades del mar.

YATA GARASU

En la tradición japonesa, Yata Garasu es el pájaro de tres patas, muy parecido a un enorme cuervo, que actúa como mensajero de los dioses.

YING LUNG

Ying Lung es el Dragón de la Conducta Correcta en la tradición confuciana china. Es el único dragón chino que tiene alas.

YU LUNG

En la tradición china, Yu Lung comenzó siendo la carpa celestial, pero cuando saltó la cascada de la Puerta del Dragón, se transformó en un dragón con cabeza y aletas de carpa.

. . .

Yu Lung era el emblema y la metáfora de los estudiantes que habían superado sus exámenes y, por tanto, pasaban de ser meros alumnos a maestros de su materia.

YU SIANG

En la leyenda china, el Yu Siang era un hermoso pájaro muy parecido a un faisán exótico que podía cambiar el color de su cuerpo a voluntad.

YURLUNGUR

Los pueblos aborígenes de Australia cuentan la historia de las hermanas Wawilak y la serpiente Yurlungur.

Las hermanas partieron al principio del mundo para nombrar lugares, animales y plantas.

Pero ambas habían tenido relaciones incestuosas con algunos miembros de su propia tribu.

La mayor dio a luz, mientras la menor aún estaba embarazada.

. . .

La mayor contaminó las aguas de una charca con sangre menstrual y esto enfureció a la pitón, Yurlunggur, que provocó una gran inundación. Se tragó a las hermanas Wawilak y a su descendencia, cubriendo toda la Tierra con agua.

Entre los gunabibi, los jóvenes novicios son ofrecidos a la serpiente en ritos iniciáticos.

Viven apartados de las mujeres y de los asuntos de la tribu durante varios meses con los ancianos, que dicen a las mujeres que los chicos han sido devorados por la pitón. En la ceremonia culminante, los chicos se cubren de corteza y se tumban en una zanja en forma de serpiente, de la que renacen.

Z

ZAGH

En la literatura y el folclore islámicos, el Zagh aparece como un pájaro fabuloso que tiene el rostro de un ser humano.

Tiene la capacidad de conversar en lenguas humanas.

. . .

Es muy parecido al Roc y aparece en muchos relatos y alusiones poéticas como emblema de la inteligencia divina.

ZANTEGEBA

Zantegeba es el nombre del babuino que se pasea por los bosques del pueblo bambara de Malí. Sus travesuras extremadamente lascivas son representadas anualmente por un bailarín que utiliza dos pequeños palos a modo de patas delanteras. Se lanza a la multitud centrándose especialmente en las espectadoras, que gritan y huyen por si Zantegeba viene a violarlas. El nombre de Zantegeba significa "el de las patas grandes".

ZLATOROG

En el folclore esloveno, el Zlatorog es una bestia fabulosa que tiene el cuerpo y el pelaje blanco puro de una gamuza pero con cuernos de oro. Pastoreaba en las cumbres del monte Triglav y a menudo atraía a los cazadores de tesoros a través de peligrosos barrancos y desfiladeros donde los menos precavidos caían al vacío. Sólo un cazador fue capaz de herir al Zlatorog, aunque no consiguió sus cuernos de oro. Sin embargo, la sangre derramada por las heridas formó una flor roja, el clavel, que es ahora el emblema de Eslovenia.

. . .

ZMAG OGHJENI VUK

En Bosnia y Serbia, el Zmag Oghjeni Vuk ("Lobo Dragón Ardiente") es un hombre lobo asociado al gobernante del siglo XV, el déspota Vuk. Nació con una marca de nacimiento en forma de sable y podía respirar fuego. Tenía un mechón de pelo de lobo que dejaba entrever sus capacidades de hombre lobo. Creció de forma prodigiosa y fue el único capaz de vencer al dragón de fuego que se dice que lo engendró. Era capaz de transformarse en hombre lobo a voluntad por la noche y cuando el sol estaba tapado durante largos periodos.

ZU

En la mitología mesopotámica, Zu era el gran pájaro con cabeza de águila y cuerpo de león que era una de las criaturas de Tiamat. Robó las tablas del destino a Enlil, volando con ellas hasta la cima de las montañas de Sabu, donde las puso en su nido. Enlil envió a su hijo Ninurta a recuperar las tablas. Con sus pájaros de tormenta, Ninurta rodeó a Zu con nubes y le arrancó las alas, decapitándolo. Zu también es conocido como Anzu.

2

Epílogo y una última entrada

Cuando pensábamos que habíamos terminado, ha salido a la luz otra entrada tardía que parece cerrar el círculo de nuestra exploración. Los temas de las creencias y los mitos de la gente sobre las criaturas mágicas han sido muy discutidos por los racionalistas y otros que gustan de demostrar que tales relatos son meras habladurías o tonterías. Pero algunos descubrimientos van más allá de la especulación fantástica y se muestran como auténticos recuerdos de criaturas que alguna vez vivieron - ninguno más que el siguiente:

EBU GOGO

En las leyendas de las islas de Flores, en Indonesia, los isleños creían que los Ebu Gogo eran un pueblo enano que vivía en la selva, comía carne cruda y se comunicaba en su propia lengua.

Los colonos holandeses de esta isla, que colonizaron Flores hace más de 100 años, pensaron que estas historias eran similares a las leyendas de "gente pequeña" de Europa y las descartaron. Sin embargo, ahora hay pruebas sustanciales e incontrovertibles de lo contrario después de que el paleoantropólogo Peter Brown, de la Universidad de Nueva Inglaterra en Nueva Gales del Sur, revelara los hallazgos de una reciente excavación. En una isla se encontraron los huesos de un homínido en miniatura hasta ahora desconocido por la ciencia. El esqueleto era de una mujer de 30 años, de 1 metro de altura y 55 libras de peso, que murió hace unos 16.000 años. En el mismo sedimento en el que se hallaron sus huesos había herramientas de piedra y huesos de elefantes enanos, roedores gigantes y lagartos de Komodo, más grandes que las especies actuales de 3 metros que aún viven. Los científicos bautizaron inmediatamente este descubrimiento como "el Hobbit", en honor a la especie inventada por J.R.R. Tolkien de gente pequeña en el libro de ese nombre.

Se cree que esta especie, cuyo título científico es Homo floresiensis, seguía viviendo en Flores hasta hace 13.000 años, cuando se extinguió, y que vivía allí desde hace unos 95.000 años. Las herramientas de piedra descubiertas mostraban un completo conocimiento de la carnicería de animales para . Incluían cuchillas, puntas, perforadores y herramientas de corte. Home floresiensis era un humano bípedo, erguido y con pulgares oponibles, y no un mero ancestro simiesco. Se cree que este homínido evolucionó a partir del Homo erectus hace más de 840.000 años.

Del tamaño de un niño de tres años, pero con una capacidad cerebral un tercio mayor, tenía los brazos ligeramente más largos que los nuestros, con una ceja dura, la frente muy inclinada y sin barbilla.

Para refutar el mito de que los Ebo Gogo comían carne cruda, quedó claro que los Homo floresiensis utilizaban el fuego para cocinar al estegodonte, el elefante enano, pequeño pero considerablemente grande, que pesaba más de una tonelada. Los huesos de estegodonte encontrados sugieren que esta criatura parecida a un Hobbit elegía cazar a los juveniles más pequeños, pero que también comían peces, serpientes, tortugas y roedores, así como aves y ranas.

Los restos fueron descubiertos bajo una capa de ceniza volcánica de 12.000 años de antigüedad. El empequeñecimiento de las especies de mamíferos en las islas que rodean Flores y en otros lugares suele deberse a cambios ambientales adversos en los que la adaptación a un tamaño menor es esencial para la supervivencia. Anteriormente se creía que la colonización de estas islas por especies de homínidos había tenido lugar hace sólo 11.000 años. Pero el hecho es que, mientras Homo floresiensis vivía en la isla, los primeros humanos modernos como nosotros, Homo sapiens, ya estaban por aquí: ¡sobrevivimos juntos durante más de 30.000 años!

www.ingramcontent.com/pod-product-compliance
Lightning Source LLC
Chambersburg PA
CBHW072158070526
44585CB00015B/1205